徑中徑又徑徵義

不斷惑業，得出輪迴

不經多劫，一生解脫

（清）張師誠◎編纂
（清）徐槐廷◎徵義

敬禮無憂自在佛，殊勝當來彌勒佛，
一切佛父文殊智，教証龍樹無著前。
為令有情易了知，甚深廣大見與行，
引導菩提道次第，由畧攝理此中說。

經中經又經徵義

民國十年辛酉
海鹽徐氏藏版

佛祖開示念佛

彌陀經言。聞說阿彌陀佛。執持名號。一心不亂。其人命終。阿彌陀佛。現在其前。即得往生極樂國土。　無量壽佛經言。至心念佛一聲。滅八十億劫生死重罪。　無量壽經言。一向專念阿彌陀佛。願生彼國。即得往生七寶華中。住不退轉。　文殊般若經言。繫心一佛。專持名字。念念相續。即是念中得見過去現在諸佛。　楞嚴經言。若衆生心。憶佛念佛。現前當來。必定見佛。不假方便。自得心開。　大本彌陀經言。念佛之人。有四十里光明燭身。魔不能犯。 寶積經言。他方眾生。聞阿彌陀佛如來名。乃至能發一念淨信。歡喜愛樂。所有善根。回向願生彼國者。隨願往生。得不退轉。直至成佛。 隨願往生經言。普廣菩薩白佛言。何故經中讚歎阿彌陀佛剎。七寶諸樹。宮殿樓閣。諸願生者。皆悉隨彼所欲。應念而至。佛告普廣。汝不解我意。娑婆世界。人多貪濁。信向者少。習邪者多。不信正法。不能專一。令諸眾生專心有在。是故讚歎彼佛國土。悉隨彼願。無不獲果。 目連所問經言。我說無量壽國。易往易取。而人不能修行往生。反事九十六邪道。我說是人。名無眼人。名無耳人。　十往生經言。若有眾生念阿彌陀佛。願往生者。彼佛即遣二十五菩薩。擁護行者。一切時。一切處。不令惡鬼惡神。得其便也。

智度論言。有諸眾生。謗般若。墮惡道。雖修餘行。不能得出。後遇知識。教行念佛。方得解脫。

永明壽禪師言。有禪無淨土。十人九差路。陰境若現前。瞥爾隨他去。無禪有淨土。萬修萬人去。但得見彌陀。何愁不開悟。

古德言。若人以四天下七寶供佛。其福甚多。不如勸人念一聲佛。其福勝彼。

雲棲大師勸修淨土

觀佛三昧經。文殊菩薩偈云。願我命終時。滅除諸障礙。面見彌陀佛。往生安樂刹。　華嚴行願品。普賢菩薩偈云。願我臨欲命終時。盡除一切諸障礙。面見彼佛阿彌陀。即得往生安樂刹。　起信論。馬鳴菩薩云。最勝方便。專意念佛。即得往生。終無有退。　楞伽經。佛告大慧。大名德比丘。厥號爲龍樹。得初歡喜地。往生安樂國。以上略舉四大菩薩。其餘菩薩。修淨土者。不可勝紀。　廬山遠法師。悟摩訶般若深旨。號東方護法菩薩。而六時念佛。三覩聖像。往生淨土。　天台智者大師。妙悟法華。一家教觀。歷代宗祖。而生卽面西。辯十種疑。疏十六觀。極談淨土。　百丈大師。馬師傳道嫡子。天下叢林共宗。而祈禱病僧。化送亡僧。悉歸淨土。　清涼國師。紹華嚴祖位。稱文殊後身。而指示彌陀卽盧舍那。亦疏觀經。弘揚淨土。　永明壽禪師。得無礙辯才。柱石宗門。而作四料簡。偏贊西方。上品上生。敬及冥府。　死心新禪師。繼席黃龍。宗風大振。而切意淨業。著勸念佛文。令人發哀起信。　眞歇了禪師。嗣丹霞澄公。洞下一宗。至師大顯。而卓庵補陀。專意西方。有淨土集行世。　慈受深禪師。大悟倩女因緣。一偈融通五教。而謂修行捷徑。無如淨土。建西方道場。苦心勸衆。　圓照本禪師。道續天衣宗。弘雪竇法雷振地。師表兩朝。而淨業兼修。標名上品。　中峰本禪師。得法高峰老人。學者仰如山斗。而云禪者淨土之禪。淨土者禪之淨土。有懷淨土詩百首。勸人念佛。

以上略舉十大尊宿。其餘尊宿及法師律師。修淨土者。不可勝紀。　阿彌陀經。　無量壽經。　十六觀經。　鼓音王經。　天親往生論。以上略舉專說淨土經論。其餘經論帶說淨土者。不可勝紀。道安往生論。懷感羣疑論。慈恩通贊。海東彌陀疏。四明妙宗鈔。慈恩懺願儀。草堂寶王論。孤山刊正記西資鈔。大智觀音疏。優曇蓮宗寶鑑。石資樂邦文類。天如淨土或問。大佑淨土指歸。鏡道二師念佛鏡。道衍善人咏。西齋淨土詩。以上略舉最顯數家。其餘贊揚淨土者。不可勝紀。願一一考其人。閱其言。思其義。斷疑決志。幸甚幸甚。

徵義自序

余少業儒研究孔孟聖賢之道而於釋氏之書未之肄及也庚戌筮仕粵東亡兒用康究心內典購得大藏諸經闡明心要余因得而徧讀焉遂覺此心曠邈諸相俱空慨然有出世之意爰會金剛經宗旨提要鉤元名曰金剛經解義時尚未及淨土也丙寅歸田後友人張子簡授余彌陀疏鈔云是雲棲大師教人修淨土法門也余受而讀之仰見我佛如來救度衆生超脫生死惟此念佛一門最爲簡要而雲棲大師指示迷途詳加引證

實爲往生津梁。因擷其精華、分其節次。名曰彌陀疏鈔擷。余之修淨業自此始、傅大士云、惟有徑路修行、但念阿彌陀佛。雲棲大師云。念佛爲修行徑路、而持名又徑路中之徑路也。吾浙張蘭渚中丞集諸家勸修淨土之說。著徑中徑又徑一編。立信願行三法、又分別十二門、至詳且要。余不揣冒昧。於其中繁者節之、略者增之、再於各條下、中以緒論、徵以故實。復加旁注、以警動衆心。其所以感發信願行之心者、不益切歟。白太傅念佛偈云。日暮而途遠。此生已蹉跎。余今年七十矣、夕陽雖好。

光景無多。惟有謝絕塵緣。皈依佛法。彌陀一卷。佛號千聲。預辦資糧。以爲生後計。是編也。其爲自修自度之左券也夫。

同治七年歲在戊辰四月樂淨居士徐槐廷序

徵義張序

淨土法門。自東晉廬山遠公開創。迄今一千五百餘年中。不論僧俗男女。不論貴賤智愚。但信有阿彌陀佛。專心稱念佛名者。無不應願往生。如往生集及淨土聖賢錄等書所載。班班可考。何則。無量壽經四十八願中有云。十方衆生。至心信樂。欲生我國。乃至十念。若不生者。不取正覺。唯除五逆誹謗正法。又偈頌云。我至成佛道。名聲超十方。究竟有不聞。誓不成等覺。然則我在今日。得聞佛名。深願念佛。是即佛在西方。得聞我名。深願念我。惟以佛願感我願。故以我願應佛願。感應道交。至捷至靈。是故信願念佛。終身不變者。早已念念併入彌陀願海中。如水歸壑。決定往生。或者疑而問曰。我但晨昏念佛。日間浩浩俱屬塵勞。且口念佛時。不免雜念起滅。恍惚無定。欲求一心不亂甚難。未識亦能往生否。答曰。切勿多疑。亦無論一心散心。特患信行願三者發心不眞耳。果發眞心。此心如長江水。種種雜念如水上波。往生如江流入海。豈有江流入海時。波不消散而反能阻礙長流乎。又一人問曰。若然。儘可作惡但肯念佛。亦得往生則西方將成逃藪奈何曰噫爾不作惡尚不肯念佛而謂作惡者反肯念佛乎且人惟不信佛故敢作諸惡未有眞實信佛而不知爲善去惡者如子所疑是名誹謗正法佛不能救蘭渚張中丞知世俗種種疑障可憐可憫所以有徑中徑又徑之作吾邑樂淨徐居士宰粵東時嘗著金剛經解義刊印廣施歸田後斗室清修與常惺訂忘年交專談佛法篤修淨業以張中丞所著最足啟發信根嘗手鈔數過爲之條增徵義而以一册贈惺珍藏垂三十年茲遇靜涵陸居士初發心念佛

願力精進，出眎此冊，欽慕其誠，亦手錄一過，願付棗梨，以廣流通。夫靜涵之願，即張中丞徐居士之願，亦即阿彌陀佛之大願光明所照所感，故凡讀此冊而能發一念信心，發一念願心，發一念念佛眞心，阿彌陀佛，即在爾一念心中，垂手接引，他日蓮池會上，把臂同行，幸勿錯過機緣也。時在光緒二十五年己亥元宵淨業學人海鹽張常惺謹敘於吳門寓齋時年六十有六

徑中徑又徑徵義目錄

徑中徑又徑徵義卷上

清歸安張師誠輯　海鹽徐槐廷徵義

起信法

醒迷門

浮生若夢。（一語道破）一切皆空。人皆知之。亦能言之。而終日營求靡已。曾不醒悟。（可怪）大率以死後即化。又或以爲死即復生。不足爲慮。詎知孽報無爽。得人身極難。即得人身。而依然又入夢境。（一場春夢何時醒）輪迴六道。（循環無已）其苦無涯。欲脫離此苦。舍淨土奚歸耶。將起其信。先破其迷。

輯醒迷門。

宋王龍舒淨土文曰。人生時父母妻子屋宅田園。以及器皿衣服等物。無非愛著。倉庫既盈。心猶未足。金帛已（歲月易逝、富貴如電、世人知之否）多。營猶未止。一旦大限到來。盡皆拋去。雖我有此身。猶（四大寶、同幻化）是棄物。況身外者乎。靜心思之。恍如一夢。古人云。一日（當頭棒喝）無常到。方知夢裏人。萬般將不去。唯有業隨身。妙哉此（一一句宜猛省）言。予添作一偈云。萬般將不去。唯有業隨身。但念阿彌（一條生路）陀。定生極樂國。

昔韓持國壻王實訪東坡。言持國自謂癃老。且將聲（是名）

促死何名娛年

樂酒色以娛年。東坡曰。惟其殘年。正不當爾。須有一老人。生死之際。極爲了然。一日置酒會親友。酒闌語衆。奄奄欲去。諸子呼號。願留一言爲教。老人曰。只宜第一五更起。五更氣清無人事之擾故可辦自家事 富貴功名皆非自家事所謂將得去者惟有念佛耳 諸子未喻。老人曰。惟五更可勾當自家事。自家事者。是死時將得去者。且吾平日治生。創業今日就化。可將何者去。諸子頓悟。老人言之可哀 請君言于持國。勾當自家事。與其勞心聲色。不若爲死時將得去者計也。老年宜思此言

又曰。此世界中人。皆如水上泡。生滅不常。只見眼前老年少孤墳吾見多矣 者。不思不待老而去者多矣。五濁惡世盡屬苦境 況世間無非是苦。即或稱

意亦無多時（富貴不過剎時），平時罪惡，豈得全無，閉眼之後，不免隨業（孤魂）緣去，杳杳冥冥（飄渺思之危悚），知在何處。或墮地獄，受諸極苦（自作自受），或為畜生，受人宰殺（無可解免），或生餓鬼，饑火燒身（三途惡趣），或入脩羅，瞋恨所迫（脩羅道）。雖有善業，得生天上人間（天人道），受盡福報，依舊輪迴，漂流汨沒，無有出期。唯有西方淨土，最為超脫輪迴之捷徑（大救星）（免墮輪回受諸苦報）。色身難得，趁此康健時（及早回頭），辦此大事（生死事大），命終徑生極樂世界（一念皈依早生善地），同視死入陰府，見閻王受恐怖者不同矣（可怕森羅殿上鐵面無情）。

道徹，錢塘人，乾隆間將示寂，謂其眾曰：娑婆之苦，不（有難）可說不可說（盡言意），極樂之樂，不可說不可說不可說，倘掌記憶，但（脫苦境）

念阿彌陀佛。（壽樂境只有此法）不久當相見。錯過此生。（一錯百錯）輪轉長夜。痛哉

痛哉。

死心和尚淨土文曰。彌陀甚易念。淨土甚易生。而世人（舉世惛惛悶悶不畏死）不肯信向。但只貪生。不知有死。人生百歲。七十者稀。（人能）大限到來。還他一死。（想到死字萬種心灰）只如功名富貴人家。財寶如山。妻妾滿室。日夜歡樂。他豈不要長生在世。爭奈前程有限。（韶光催人）暗裏相催。（易老）符到便行。不容遲滯。且據諸人眼裏親見耳裏（眼前）親聞。前街後巷。親情眷屬。朋友兄弟。強壯後生。死卻多（多少埋荒草）少了也。古云。莫待老來方學道。孤墳盡是少年人。（可懼）我勸

少年人彪此血氣剛盛色力未衰正好修行奉勸衰老人最好念佛年紀朽邁日月無多髮白面皺眼暗耳聾頭低背曲腳手顫掉去天甚遠入地甚近不辦死路又待何時有兒女人正好念佛自從早年娶妻養子經營家計受盡千辛萬苦今日兒女長大家計已成好將擔子分付兒孫落得現成享福念佛修行若不回頭定是癡人忽然三寸氣斷不免一旦皆休若是孝順兒孫齋得幾眾僧看得幾部經哭得幾聲猶是記憶爺娘若是不肖之子父母方死骨頭未冷作耗財產出賣田園恣

要修行須及早童顏容易老

夕陽西照光景須臾——死態

現前

相近鬼門關——老八針砭

西山日薄夜行

好子孫

不休眞是痴

看得透亮

盡爲子孫遊博貲

意作樂。以此觀之。著甚麼急。兒孫自有兒孫福。莫為兒孫作遠憂。」無男女人。正好念佛。孤單一身。無憂無慮。不須男婚。不愁女嫁。粗衣淡飯。多少清閒。若不修行。後悔何及。」富貴人最好念佛。高堂大廈。衣食豐足。百事現成。皆是前世修來。」貧窮人正好念佛。衣食不足。貧窮下賤。常受饑寒。只因前世不肯修行。遂遭現報。若不改往修來。一死之後。如秤鎚落井。何時得出。」參禪人正好念佛。或根機稍鈍。恐今生未能大悟。且假彌陀願力。接引往生。如受蔭官。不憂落第。爵祿現成。」有等愚人說道。心好

（生無累清淨安閒正可修福）

（宜當下猛省警覺）

（言之危悚終身陷溺）

便了。何須念佛。此等邪見。惑亂世人。古德云。冷笑富家（富貴渾如
翁。（草頭露）營生忙似箭。囤裏米生蟲。（身家愈厚心計愈工）庫中錢爛貫。日裏把秤稱。（若待
夜間點燈算。（怎曉得霎時身喪）形骸如傀儡。莫教繩索斷。眼光忽落地。追（追悔則無及矣）
悔有何便。汝若念佛不生淨土。我墮拔舌地獄。他年淨（因果自
土花開日。（然明）記得娑婆念佛時。

明蓮池大師曰。世尊說人命在呼吸間。當愀然不樂。（眼前經過多少如何不自
痛相警策道。大眾。我與你但今日送某僧。明日送某（醒覺）（空過一生不
僧。不知不覺。輪到自身。此時悔恨無及。須疾忙念佛。（念佛最爲可悲可苦）
時刻不要放過方好。我見你們自家也說可惜。對人

也說可惜。及乎堂中估唱。依然談笑自如（只是不怕死）。你只不信（命終時）

人命在呼吸間也（無及了）。

蓮池大師骷髏圖說一篇曰。傅大士云。漸漸雞皮鶴髮（牽牛就屠所）。看看行步龍鍾（步步近死地）。假饒金玉滿堂。難免生老病死（誰能免得）。任汝千般快樂（浮一戲場）。無常終是到來。惟有徑路修行（諄諄悲勸）。但念阿彌陀佛（歎閻）。大士此語。正所謂萬般將不去。惟有業隨身是也。如何是萬般將不去。人生所有官爵金寶屋宅田園。飲食衣服玩好。乃至嬌妻愛子。無常到來。那一件是將得去者（萬事成空）。如何是惟有業隨身。人生所造諸貪瞋癡業。非禮姦婬。

恣意宰殺。為子逆父。為臣欺君。剋眾成家。陰毒害物。種種惡業。無常到來。（神識已離黑業具在）只是緊緊隨著你者。既然如是。若不（苦海無邊誰肯回首）猛省回頭。改惡從善。洗心念佛。豈非徒得人身。虛生浪死。苦哉苦哉。我觀世人。箇箇皆好念佛。今以三等列之。（只有一條路人人可行此）（三種人就大概說）一者極閒人。應當無晝無夜。一心念佛。二者半閒半忙人。應當營事已畢。即便念佛。三者極忙人。應當忙裏偷閒。十念念佛。又富貴之人。衣祿豐足。正好念佛。貧窮之人。安貧守分。正好念佛。有子孫人。得人替力。正好念佛。無子孫人。心無牽掛。正好念佛。無病之人。身力康健。正好念佛。有病之人。知死不久。正好念佛。聰明之人。通經達理。正好念佛。愚鈍之人。無雜知見。正好念佛。以要言之。天上人間。四生九有。皆當念佛。奉勸世人。何不趁此四大未作骷髏時。早早念佛。直待萬般將不去。惟有業隨身。懊悔無及了也。（此時錯過萬劫難回）

明邵武知府嚴瀓遺親故書曰。瀓一病幾殆。不意復生。雖則苟延。焉知來日。回首營生舊計。有同嚼蠟。（令人灰心）一具皮囊。（四大幻身）終歸敗壞。六塵緣影。（諸緣假合）何處堅牢。不如換卻凡心。（此生歸宿處）求生淨土。（指示迷途）誦彌陀一句。消罪業無邊。聊奉勸文用表誡意。

宋師子峰如如顏丙勸修淨業文曰。只這色身誰信身
娑婆盡是苦境
爲苦本。盡貪世樂。不知樂是苦因。浮生易度。豈是久居
衆人以苦爲樂
幻質非堅。總歸磨滅。自未入胞胎之日。奚有這男女之
形。只緣地水火風假合而成。不免生老病死彫殘之苦。
人生浮脆何者可恃
虛浮如水上泡。須臾不久。危脆似草頭露。倏忽便無長
人命促於呼吸
年者不過六七十以皆亡。短命者大都三二十而早夭。
惡緣而死
況乎獸殘蟲螫。猝不及防。屋壓車傷。痛何能救。坑坎邱
生死朝替
陵之厄。到處堪虞。刀兵水火之災。何時蔑有。又有今日

（等蜉蝣）不知明日事。上牀別了下牀鞋。幾多一息不來。便覺千秋永別。歎此身無有是處。奈誰人不被他瞞。（人誰覺悟臭皮囊何）筋纏七尺骨頭。（足戀）皮裹一包肉塊。九孔常流不淨。六根慾逞無明。髮毛爪齒。聚若堆塵。涕淚唾津。污如行廁。裏面盡蛆蟲聚（只今便作死屍）會。（看）外頭招蚊虱交攢。沾一災一疾。皆死得人。更大熱大寒。催人易老。眼被色牽歸餓鬼。耳隨聲去入阿鼻。口頭喫盡味千般。死後只添油幾滴。此身無可愛惜。諸人當（人人眈著幻境）願出離。如何迷昧底尚逞風流。懵懂漢猶生顛倒。或有（妻子骷髏隊裏身）骷髏上頭。簪花簪草。或有臭皮袋畔。帶麝帶香。羅衣罩

了膿血囊。錦被遮卻尿屎桶。用盡奸心百計。將謂住世
無邊罪業般般造
萬年。不知頭痛眼花。閻羅王接人來到。那更鬢斑齒損。
怎知暗裏無常頃刻勾符到
無常鬼寄信相尋。箇箇戀色貪財。盡是失人身捷徑。日
因愛生貪因貪造業
日飲酒食肉。無非種地獄深根。眼前圖快活一時。身後
殺生必償
受苦辛萬劫。一旦命根絕處。四大風刀割時。外則腳手
報應不饒　四大分離眾業纏
牽拽。內則肝腸痛裂。縱使妻兒相惜。無計留君。假饒骨
經云來而獨自來去而獨自去輪
肉滿前。有誰替汝。生者空自悲啼痛切。死者不免神識
回獨自行果報獨自受
奔馳。前途不見光明。舉眼全無伴侶。過奈河岸。見之無
好苦也黃泉獨自影蕭蕭
不悲傷。入鬼門關。到者盡皆悽慘。世上纔經七日。陰間
見之應當悔恨

押見十王。曹官抱案沒人情。獄卒持叉無笑面。平生作

無限造冤愆泥

善者。送歸天道。仙道。人道。在日造惡者。押入湯塗。火塗。

犁苦萬千

十八重地獄般般

刀塗。鑊湯沸若山頭。劍樹勢如峰聳。灌銅汁而徧身肉

爛。受吞鐵丸而滿口煙生。遭剉碓則血肉淋漓。入寒冰則

皮膚凍裂。身碎業風吹再活。命終羅刹喝重生。人間歷

枯骨猶存

盡幾春秋。獄內方為一晝夜。魂魄雖歸鬼界。身屍猶卧

冢華千古

棺中。或隔三朝五朝。或當六月七月。腐爛則出蟲出血。

件蓬蒿冷煙寒雨埋荒草

臭穢則薰地薰天。胖脹不堪覩。醜惡真可怕。催促付一

堆野火。斷送埋萬里荒山。昔時要俏紅顏。翻成灰燼。今

日荒涼白骨。變作泥堆。從前恩愛。到此成空。自昔英雄。
誰解浮生
如今何在。淚雨灑時空寂寂。悲風動處冷颼颼。夜闌而
如夢
鬼哭神號。歲久而鴉餐雀啄。荒草畔漫留碑石。綠楊中
終須一箇土饅頭
空掛紙錢。下梢頭難免如斯。到這裏怎生不醒。」大家具
一場大夢誰先覺
眼。及早回頭。翻身跳出迷津。彈指裂開愛網。休向鬼窟
裏作活計。要知蒲團上有眞人。我佛悲憐。用垂拯救。欲
脫離陋殼須修證
度羣
令橫超三界。特開淨土一門。四十八願之宏深。人人心
迷出火坑
而偏加攝受。十萬億程之遙遠。仗佛力而不隔須臾。託
願箇箇都歸安養
質蓮胎。享自然之衣食。棲神淨域。免他道之輪迴。是男

是女總堪修若智若愚皆有分但請回光返照便知本

見性語

體原無若未能學道參禪也且是持齋念佛果能一心

念念心無

亂蓮邦指日生

不亂管教七日成功移六賊為六神通離八苦為八自

在淨土文法言可證往生傳靈蹟非虛對眾為大眾宣

只教一箇念頭堅

揚歸家為一家解說使處處齊知覺悟教人人盡免沈

淪上助諸佛轉法輪下拔眾生離苦海佛言不信何言

直待臨終空懊惱

可信人道不修他道難修莫教一日換了皮縱有千佛

難救汝火急進步時不待人各且直下承當莫使此生

空過

明莊嚴深達佛理衣食所餘悉以施人常調滿庭芳（歎百年蠅蝸勞擾）一閱六十餘年片時春夢覺來剛熟黃粱浮華幻影有甚好風光冷眼輕輕覷破急翻身蹬斷絲韁兒孫（兒孫自有兒孫福）戲從他搬演何必看終場青山茅一把殘生活計別作商量但隨緣消遣洗鉢焚香先送心歸極樂（皈依空王）恣逍遙寶樹清涼（堪羨逍花世界只愁苦海無邊）堪悲也回頭望處業海正茫茫

淨土晨鐘截錢孝直曰從來三界生死輪回比於牢獄（不止苦海）然則但未出生死皆三界獄中囚也今見縲絏之中呼天乞命莫不哀其愚而嗤其求生之不早吾謂死囚求

生太晚。比之我輩。猶為早計也。死囚秋決。歲不過一日。（遠不如囚）
一日前後。皆日日為之打點。我輩在三界獄中。月月可（死字常）
死。日日可死。不論貴賤老少。好人惡人。皆可以死。不早（將掛在肩）（今日）
打點。姑待一刻。萬一即此一刻。駕帖到來。劊手當面。手（不知明日事）
忙腳亂。何以禦之。又袁中郎曰。眾生處五濁世。如囚處
獄。以入獄皆罪人。處人天者。皆是業報分段之身故也。
然罪人入獄。時刻求出。以知棘牆之外。更有許大安樂
世界故也。今眾生以煩惱為家宅。以生死為圜圄。不知（相看不覺淚沾衣）
大鐵圍山。是我棘牆。三界法場之外。各自有家鄉樂地。（不須入世覓安居）

諸佛憫此。爲分別淨穢。指以脫歸路程。又大建宅舍以
（易火宅爲安宅）
安之。分明往來獄門。爲治道塗。長伺獄外。修飾旅館。如
（黃金地上樂無比）
是之恩。何身可報。經云。如來爲一大事。出現於世。大事
（誰肯厭）
者。生死事也。諸佛既不惜垂手。衆生乃死而不悟。哀哉。
（心厭生死）

昔一僧探俗友。勸以生死事大。急宜念佛。友謝以三頭未了。僧問故。友曰。親柩未葬。男婚女嫁未畢。僧別不久。友忽亡。僧往弔。作詩曰。吾友名爲張祖留。勸伊念佛說三頭。可憐閻老無分曉。未了三頭便去勾。此言雖淺。大可醒俗。
（歲不我與）

又曰自貧賤而覦富貴見其氣燄薰灼不勝垂涎然當之者未必眞樂也如一人喜怒不測憂在事主同列人懷異志憂在羣情因貪位而患得患失緣事權而伐異黨同位愈高則責愈重寵愈隆則忌愈衆事機一失求爲匹夫不可得富家翁持籌會計竭一生心力以遺子孫而百年興廢事難逆料身後所有率歸他人由是言之富貴亦有何榮純是苦耳蓋富貴勝貧賤者皆無緊要事如食以遏饑衣以禦寒若衣而華食而精此於身心有何緊要其他可知至大利害處老也病也死也

莫道在身官職好

早知泡影須臾事宛其死矣

覷浮雲富貴更進一層

眞說得破未應

富貴勝漁樵

大限來時各自飛　南柯夢短天易曉

止此隻身，獨當一面之孤法，到鐘鳴漏盡光景，卿相以至氓庶，總無人可代，總同一結煞，思及此，不由人不當下心灰也。

貴人頭上不曾饒　及早須修道

明天啟初，北京正陽門有老軍看守，鰥居無子，胸中無一事，日焚香誦金剛經，首相韓爌，每乘大轎腰玉衣蟒，呼殿過其地，聞聲輒歎曰：爲我難，爲彼易，而我無彼福也。老軍七十三而終，六月屍無穢氣，飛蠅不集，人皆異之。冒起宗曰：人生不受圭組羅籠，身得自由，眼前無累，便是人間仙福，更修最上乘出世正因。

一絲不掛何等安樂　視胸中無事何如　念佛　是福　人都不知　永作逍遙自在

豈火宅中大富貴可得比乎

易行門

已識迷途。欲求出世。當知入道多門。惟念佛往生淨土爲易行。淨土多方。又惟往生西方極樂世界之淨土。尤爲易行。蓋阿彌陀佛有四十八大願。度盡衆生。與此世界之緣偏重。威力又極大。故攝取無遺。人能信向至心持名。未有不蒙接引。所謂仗佛力他扶持之法。與專恃自力者。難易迥殊也。輯易行門。

龍舒淨土文曰。淨土傳云。阿彌陀佛與觀世音勢至二

菩薩乘大願船。泛生死海。就此娑婆世界。呼引衆生上

勸招引

大願船。送至西方。如肯往者。無不得生也。觀此則是佛與菩薩。憫念衆生。沈淪苦海。無有得出。故自以誓願威力。招誘人生淨土。如舟人招誘行人登舟。送至彼岸也。

佛法大海信爲入門

人唯恐不信耳。若信心肯往。雖有罪惡。亦無不得生。蓋

生滅唯此一念

信者。一念也。若人在生時。心念要去。身則隨去。心念欲

尙心爲形阻

住。身則隨住。是身常隨念。然猶有念欲去。而身被牽繫

神識不滅　動念卽往生時　唯心

者。身壞時。唯一念而已。一念到處。則無不到。是以一念

淨土　也皆彌陀作導師

在淨土。則必生淨土。況佛與菩薩。又招引人往生乎。

咸酉尊時刻

往生傳。張抗為翰林學士。課大悲咒十萬遍。願生西（立願皈依）方。一日寢疾。唯念佛號。忽謂家人曰。西方淨土。祇在（去此不遠。隨在即西方。惟寸心專注。自成蓮花世界）堂屋西邊。阿彌陀佛坐蓮華上。翁兒在花地金沙上。禮拜嬉戲。良久念佛而化。翁兒。抗之孫。已先逝也。蓋（心淨即佛土淨）極樂世界。乃吾心之土耳。約里有十萬億。心則原無（西方去此不遠）遠近。故楞嚴經云。臨命終時。未捨煖觸。一生善惡。當（六道輪回隨心而去）時頓現。純想即飛。必生天上。若兼福兼慧。及與淨願。（純想即善念）自然心開。見十方佛。一切淨土。隨願往生。（信行以願為主）

（單提話）宋丞相鄭清之曰。今之學佛者。不過禪教律。究竟圓頓

莫如禪。非利根上器。神領意解者。未免蹈頑空之失。研（頭究未易頓悟）
究三乘。莫如教。非得魚忘筌。因指見月者。未免鑽故紙（大小止觀下手安心亦不易入）
之誚。護善遮惡。莫如律。非身心清淨。表裏如一者。未免
自纏縛之苦。總而觀之。論其所入。則禪教律。要其所歸。
則戒定慧。不由禪教律。而得戒定慧者。其唯淨土之一（萬法歸一）
門乎。方念佛時。口誦心維。諸惡莫作。豈非戒。繫念淨境。（遠諸染故）
幻塵俱滅。豈非定。念寶無念。心華湛然。豈非慧。人所屏（不散亂故）（不退轉故）
除萬慮。一意西方。則不施棒喝。而悟圓頓機。不閱大藏（一心法念）
經。而得正法眼。不持四威儀中。而得大自在。不垢不淨。

無纏無脫。當是時也。孰為戒定慧。孰為禪教律。我心佛心。一無差別。此修淨土之極致也。八功德水。金蓮花臺。又何必疑哉。（即心即佛）

蓮池大師曰。大藏經所詮者。不過戒定慧而已。念佛即是戒定慧。何必隨文逐字。閱此藏經。光陰迅速。命不堅久。願諸人以淨業為急務。（無暇參究）

蓮池大師曰。徑路修行。徑路小而捷名徑。小喻念佛為力之簡易。捷喻念佛成功之迅速。善導大師偈云。唯有徑路修行。但念阿彌陀佛是也。故云。餘門學道。名豎出（一句彌陀　七日成功　十八九）

徑中徑又徑徑拿先

錯路

三界念佛往生名橫出三界如蟲在竹豎則歷節難通

萬修萬人去

設喩精確

橫則一時透脫餘門之比念佛則念佛為速矣念佛復
有多門者如實相念佛四種乃至萬行回向等實相之

識自本性為自心佛

佛雖云本具而眾生障重解悟者希下此數門觀像則

作西方觀

六度

像去還無因成間斷觀想則心麤境細妙觀難成萬行

波羅蜜

不論智愚單持一句念

則所作繁多重處偏墜唯此持名一法簡要直捷但能

念相續便能往生

先往生後覺悟

繼念便得往生古人謂既得見彌陀何愁不開悟則不

自得本性彌陀

事半

期實相而實相契焉故念佛為修行徑路而持名又念

功倍

佛中之徑路也

桐江法師云。成佛有橫豎二出。豎出者聲聞修四諦。緣覺修十二因緣。菩薩修六度萬行。此涉境位。譬如及第。須有才學。又如歷任轉官。須有功效。橫出者。念佛求生淨土。譬如蔭敘。功由祖父。他力。不問學業有無。又如覃恩普轉。功繇國王。不論歷任深淺。其難易有迥殊矣。

徑路橫

超只此門

念佛爲佛弟子

又爲法王子

蓮宗寶鑑云。娑婆濁境。眾苦集而求道難成。淨土樂邦諸善聚而位登。不退稱名號者。諸佛護念而往生。發菩提者。彌陀光照而增進。菩薩羅漢。與其同儔。水鳥樹林。

皆阿鞞跋致

眾聖現前

佛光攝取

妙莊嚴都在彌陀經上

悉皆念佛。耳畔常聞妙法。心中頓絕貪瞋。快樂無窮。壽量何極。一生彼土。更不退轉。豈比人天道中。觸目多諸違順。權乘路上。善根希有周圓。所以三乘之士。歷阿僧劫而功行難成。念佛之門。於彈指頃而往生安養。初學機淺。非他力難以進修。我佛願深。但有緣悉皆攝受。餘門學道。如蟻子上於高山。淨土往生。似風帆行於順水。彌陀接引。直趣菩提。眾聖提攜。高超三界。上品即登佛果。下生猶勝天宮。普信不疑。同修不退。

六度萬行　十萬餘程近如咫尺

六八誓宏親攝受

歷劫難到　一霎即至

雲棲事略。鄰有老嫗。日課佛名數千。問其故。嫗曰。先

夫持佛名。臨終無病。與人一拱而別。故知念佛功德

（臨終灑然）

不可思議。師自此棲心淨土。書生死事大於案頭以

（死生呼吸間）

自策。

西方公據云。諸善人。世間有千條萬條路。如何只勸人

（萬法虛偽唯是一心了悟自心觸目菩提）

念佛。人之念頭。所繫甚重。牽魂引魄。造命生身。莫不由

此。念善上天堂。念惡下地獄。一念直為人。一念橫為畜。

如何是餓鬼。只因念不足。念魔還成魔。念佛便成佛。若

（度脫輪迴要一心正念）

要免六道。除非只念佛。若還不念佛。一失下人身。萬劫

（惡道易）

（淪）

難再得。所以釋迦如來教人念佛。遠公法師教人念佛。

念佛不能了生死。佛祖如何肯誤人。念佛不成佛。其過不在佛。口念心不念。雖念如未念。饒你一生。也不當一（嘴頭游滑念亦何功）聲。念字從心。原不從口。而念一生。心聲隨口出。心佛口（字字從心上照過歷歷分明）佛。兩不可廢。千佛萬佛。如何只念阿彌陀佛。以其原有（單注西方）四十八願。誓度盡十方眾生。其中有曰。若十方世界一切眾生。能稱我阿彌陀佛名號。而不生我國者。誓不成佛。其土具載阿彌陀經。是名西方極樂世界。嗚呼。人間（閻浮壽少）富貴。百歲成空。（天宮代謝）天上繁華。千年則止。一入西方極樂世界。（淨土長年）便有無量之壽。而其往生之法。又只憑一句彌陀。世（持名之法如單方治病簡要直捷）

問有這樣極便宜好事。卻不肯幹。又到那裏著鐵鞋而（一念專注即到彼岸莫要錯過）

問至道。而今而後。急須發下誓願。若某不念佛。不求生（機緣）

西方極樂世界。則爲鬼而永墮北陰酆都地獄。已而已（心常恐懼）

而。三藏十二部。讓與別人悟。八萬四千門。饒與別人行。（用志不紛）

一句南無阿彌陀佛之外。不用一字。各自去掃淨室一（修行秘要不在多書）

間。供佛像一尊。每日燒清香一爐。換淨水一杯。夜來上

明燈一盞。紙畫木雕。即同眞佛。早晚朝參。必誠必敬。一（至要）

串數珠不離手。一句彌陀不離口。高聲念。低聲念。六字（無間斷）

念。四字念。緊念。緩念。朗念。默念。合手念。跪膝念。面佛念。（彌陀經執持名號即是四字念）

朝西念。敲魚念。掐珠念。行道念。禮拜念。獨自念。同衆念。在家念。在外念。閒也念。忙也念。行也念。住也念。坐也念。臥也念。連夢中也念。纔是眞念。念得心酸淚下。（眞心痛切）念得火滅灰寒。（妄念退休）念得神號鬼哭。（魔種盡滅）念得天喜地歡。（天人恭敬）鑊湯在後。蓮池在前。（只進勿退八）雖千萬人阻我。不念不可得也。（字字鞭辟得緊）

善導和尚立專雜二修。雜修者。謂散漫修諸善業。回向莊嚴。專修者。身須專禮阿彌陀佛。不雜餘禮。口須專稱阿彌陀佛。不稱餘號。不誦餘經咒。意須專想阿彌陀佛。不修餘觀。（身口意三業專注彌陀）專修者。百卽百生。千卽千生。（心無二用故）若雜

修者百中或得一二人生千中或得三五人生（只有福慧不生淨土）

漢月禪師曰。求生淨土法門最廣。單取緊峭無滲漏爲上。故持經次於持呪。持呪次於作觀。作觀次於持名。持六字不如持四字。（以簡易勝）蓋於持名減省。易於成功故也。然持名之法。撥珠課誦。文泛泛濫。雖念而寬。不得成就。須是極力四字佛名。一句追一句。一聲頂一聲。（如線貫珠無空隙處）若一日乃至七日。念至虛空粉碎。五蘊冰消。謂之一心不亂。（定要斂過妄想）此便是淨業已成。往生有日矣。

雲棲法彙問。經文只云執持名號。似只四字。今盡從

六字。畢竟何者為是。大師自用何法。答。四字自念。（通融）六字從眾。（隨順）

析疑門

人聞易行之說。往往疑而不修。即修行已久者。亦有中道遊移。疑情日起。或墮前功。或趨外道。因疑而誤。流弊無窮。夫往生淨土。原非即能成佛。所恃者。常不離佛。永無退轉。必能成佛而後已。（但得見彌陀何愁不開悟）為把穩生涯耳。智者十疑論。天如或問。雲棲四十八問答。不憚往復辯論。至明至切。此門惟採昔賢問難雜

說著於篇以斷其疑輯析疑門

慧覺玉禪師曰或謂淨土乃聖人之權方所以接鈍根化凡器也苟能一超直入如來地何藉於他力乎答曰（紹祖師位能如一二普）佛世文殊普賢滅後馬鳴龍樹此土智者智覺皆發願（薩否）（佛豈肯誑父）往生應盡是鈍根乎釋迦於大寶積經勸父王淨飯並（古來聖賢名）七萬釋種皆生淨土應盡是凡器乎此等聖賢應皆不（流皆由佛教得來）逮今之利根勝器乎況以此爲權將何爲實昔孫莘老亦疑於此因會楊次公王敏中辯論遂息此疑焉

按普賢偈云願我臨欲命終時盡除一切諸障礙面

見彼佛阿彌陀。卽得往生安樂剎。文殊偈亦如是。馬鳴尊者著起信論。末後勸人求生淨土。龍樹尊者造毘婆沙論。有稱讚彌陀偈。寶積經云。佛言。父王今當念西方世界阿彌陀佛。常勤精進。當得佛道。爾時父王與七萬釋種。聞說是法。信解歡喜。悟無生忍。

王龍舒曰。或者疑之云。人世念佛。西方七寶池中。如何便生蓮花一朶。予告云。此不難知。譬如大明鏡。凡有物（鏡無遮形。纖悉必現）來。便現其影。鏡何嘗容心哉。以其明而自然耳。阿彌陀（佛光普照。悉知悉見）佛國中。淸淨明潔。自然照見十方世界。猶如明鏡。覩其面像。是故此間念佛。西方七寶池。自然生蓮花一朶。無足疑也。或者又疑之云。念往生眞言者。阿彌陀佛常住其頂衛護其人。若無量世界有無量衆生。念此眞言。阿彌陀佛豈能一一徧住其頂乎。曰。亦自然耳。譬如天上一月普現一切水中。豈不自然哉。或者又疑之云。有臨終之時。佛與菩薩來迎。且如十方世界有無量衆生精進。烏能皆知其期而往迎乎。曰。亦自然耳。譬如天上一日。普照無量境界。豈不自然哉。況佛之威神。不止如日月乎。則徧住其頂。徧知其期。何足疑哉。

淸淨世界 蓮花自開
月印只是一月 千潭
光明
偏照處處見佛

淨土決疑序云。阿彌陀佛光明。如大圓月。徧照十方。

是心是佛心淸卽現

水清而靜。則月現全體。月非趨水而遽來。水濁而動。則月無定光。月非捨水而遽去。在水則有淸濁動靜。在月則無趨捨去來。故優曇云。化體卽眞。說無去來。

隨心變化

從眞流化。現有往還。不來而來。似水月之頓呈。不見而見。猶行雲之忽現。

少見多怪

王龍舒曰。人驟聞淨土之景象。多不信之。無足怪也。蓋拘於目前所見。遂謂目前所不見者。亦如是而已。不知

妄語爲口四業佛家最戒

佛切戒人以妄語。必不自妄語以誑人。世人妄語者。非

（妄語有因）

以規利乎。以避害。佛無求於世。何規利之有。佛視死生如刀斫虛空。何避害之有。是佛無所用其妄語也。世間（世之）（不信者視佛何等）中人以上者。猶不肯妄語以喪其行止。況佛乎。其言可信。無足疑者。況自古迄今修此者。感應甚多。（實有其事）尤不可不信也。

李卓吾曰。當時釋迦牟尼金口稱讚。有阿彌陀佛在西方極樂國土。專一接引念佛眾生。以此觀之。是為有國土乎。（汝今所居此土是有是無此土既有淨土獨無乎）無國土乎。若無國土。則阿彌陀佛為假名。蓮華為假相。接引為假說。互相欺誑。佛當受彌天大（辯駁甚明）

罷當卽時敗露安能引萬億劫聰明豪傑並僧俗男女同生信向乎何以問我有無形相國土爲也

王龍舒曰或云人誦佛名一向稱誦正如呼一人一向呼之其人必怒故一向誦佛名者未足爲善也（誠有是疑）答曰是不然（解釋得）衆人自無始以來口業過惡積如山海多誦佛名（透徹所謂滅八十億劫重罪也）以滌蕩之猶懼不足豈可以稱呼常人之名爲比也（正是奉行佛教）況諸佛自開此念誦法門所以誘掖衆生善其口業（一事而三善）以漸善其身意（俱備）故謂一向誦佛名未足爲善者此世俗之言非諸佛誘掖衆生之言也

先生謂予嘗於鎮江聞賣蝦者叫蝦一聲而知其三不特賣蝦即凡殺生之業皆是業俱惡何則身荷蝦擔則身業惡意欲賣蝦則意業孟子所以有擇術不可不慎之語惡口叫賣蝦則口業惡三業俱惡此佛所謂地獄人也若口念佛名則口業善口念佛時又能心想佛像念佛三業俱善即證菩提則意業善端正其身而手提數珠則身業善常能善此三業以修淨土必上品生

蓮池大師云有謂唯心淨土無復十萬億剎外更有極樂淨土此唯心之說原出經語眞實非謬但引而據之此言其理有心即有境不得謂有心無者錯會其旨夫即心即境終無心外之境即境即心亦

境
無境外之心既境全是心何須定執心而斥境撥境言
心未爲達心者矣或又曰臨終所見淨土皆是自心故
此言
無淨土不思古今念佛往生者其臨終聖衆來迎與天
其事 人人
樂異香幢幡樓閣等惟彼一人獨見可云自心而一時
共見人人共聞
大衆悉皆見之有聞天樂隱隱向西而去者有異香在
若非實有是境何以有音樂異香足破
室多日不散者夫天樂不向他方而西向以去彼人已
群疑
故此香猶在是猶得謂無淨土乎圓照本禪師人見其
從對
標名蓮品豈得他人之心作圓照之心乎又試問汝臨
面看益見可信
終地獄相現者非心乎曰心也其人墮地獄乎曰墮也

夫既墮地獄。則地獄之有明矣。淨土獨無乎。心現地獄
既有地獄必有淨土何可撥無

者墮實有之地獄。心現淨土者。不生實有之淨土乎。
迎刃而解

宋圓照本禪師。居慧林。平時密修淨業。時雷峰才法師。神遊淨土。見一殿殊麗。問之。曰待淨慈本禪師耳。又資福曦公至慧林。公禮足施金而去。人詰其故。曰。吾定中見金蓮華。人言以俟慧林本公。其他蓮華無數。云以待受度者。或有萎者。云是退墮人也。後臨終安坐而逝。

天如淨土或問曰。人都道淨業只是身後事。於今目前。

無所利濟答曰汝之所見未廣也豈不見經中道受持佛名者現世當獲十種勝利一者常得一切諸天神隱形守護二者常得一切菩薩常隨守護三者常得諸佛晝夜護念阿彌陀佛常放光明攝受此人四者一切惡鬼皆不能害一切蛇龍毒藥悉不能中五者水火冤賊刀箭牢獄橫死枉生悉皆不受六者先所作業悉皆消滅所殺冤命彼蒙解脫更無執對七者夜夢正直或夢見阿彌陀佛勝妙色像八者心常歡喜所作吉利九者常爲一切世間人民恭敬歡喜禮拜十者命終之時心

神佛護庇有二

惡緣

退避有三

身心安泰有三

臨

終見佛有一

無怖畏。正念現前。得見阿彌陀佛及諸聖眾持金蓮華。接引往生西方淨土。如上十種利益。經文具載。乃佛口之所宣也。既是現生來世。皆有利益。然則世出世間要緊法門。無如念佛者矣。但當精進。勿用懷疑。

龍舒淨土文。敘現世念佛感應一卷。有念佛卻鬼。如陳企者。有念佛脫難。如邵希文者。有念佛安寢。如劉仲慧者。有念佛屋不壓死。如瞽婦者。有念佛痁疾遂愈。如李子清者。有念佛眼明。如阮嫂者。有念佛痼疾皆愈。如梁氏女者。有念佛治病得愈。如秀州僧者。有念佛孫兒免難。如鄉老者。有見殺生念佛得福。如鄭鄰者。由此推之。念佛勝利。豈但十種而已哉。

慈照宗主淨土十門告誡云。念佛人臨終三疑。不生淨土。一者疑我生來作業極重。修行日淺。恐不得生。（疑念佛無益）二者。疑我雖念彌陀。或有心願未了。及貪瞋癡愛未息。恐不得生。（疑念佛不誠）三者疑我雖念彌陀。臨命終時。恐佛不來迎接。（疑念佛無靈）有此三疑。因疑成障。失其正念。不得往生。（無信心則不生）故念佛之人。切要諦信佛經明言。勿生疑心。經云。念阿彌陀佛一聲。滅八十億劫生死重罪。上至一心不亂。下至十念成功。（二品）接向九蓮。令辭五濁。苟能心心不昧。念念無差。則疑情永斷。決定往生矣。

無爲楊次公曰。火車可滅。舟石不沉。現殺報者。莫甚於張馗。十念而超勝處。入地獄者。莫速於雄俊。再甦而證妙因。世人愆尤。未必若此。謂不能生者。何自棄哉。

陳瓚明進士。一意淨業。客曰。爾不聞大鑒之論唯心乎。何厭垢而欣淨爲。答曰。唯心淨土。發之大鑒。而非自大鑒始也。是心作佛。是心是佛。佛固先言之矣。蓋懼人以

通論 論惟心淨乃生淨土心與土是一是二

不淨之心求淨土也。非曰土無垢淨也。且樂邦之可樂

諸上善人談

也。不獨華池珠閣。鳥音風樹云爾也。吾幸與羣聖人遊。

法性

被無量光。經無數佛。證無生忍。成無上道。濟無邊衆。誠

不求生淨土 常樂我淨

樂矣。客以客之禪樂垢土。我以我之禪樂淨土。客無庸

呵我矣。

佛法

瓚。萬歷中累官刑部侍郎。臥疾誦佛益虔。故事。京師

不可思議總因心淨故現此相

大臣三品以上。暑月賜冰。旣置冰於榻前。衆見冰中

湧出七級浮屠。欄楯鉤綴。牕格玲瓏。移時冰漸消。塔

影漸瘦。頃之氣絕而影沒矣。

徑中徑又徑徵義卷中

清歸安張師誠輯　海鹽徐槐廷徵義

立願法

決定門

信而無願。信即虛浮。即有願矣。或以此生已晚。功效難期。惟求來世爲人。出家修行。此意非不甚善。殊不思今世所造之業。能必來世爲人乎。能必爲人仍知佛法乎。一蹉百蹉。悔之無及。必須拚此一生。咬定牙根。非往極樂國土不可。非此生即往不

此身不向今生度更向何生度此身

立定主意以往生極樂爲歸宿安得不勇猛精

可（進）如此發願。方可謂之決定。願既堅決。功自精進。

有志竟成。豈虛語哉。輯決定門。

五代永明延壽禪師曰。九品經文。自有升降。上下該攝。不出二心。一定心。（一心不亂）如修習定觀。上品往生。一專心。（十念成功）但念名號。衆善資薰。回向發願。得成末品。仍須一生皈命盡（定專一心歸於決）報精修。坐臥之間。（定一心）面常西向。當行道禮敬之際。（地危勢迫）念佛發願之時。懇苦翹誠。無諸異念。如就刑獄。若在狴牢。怨賊所追。（求脫苦難刻不自緩）水火所逼。一心求救。願脫苦輪。速證無生。廣度含（自度度人）識。紹隆三寶。誓報四恩。如斯至誠。必不虛棄。如或言行不稱。信力輕微。無念念相續之心。有數數間斷之意。似此懈怠。臨終望生。但爲業障所牽。恐難值其善友。風火逼迫。正念不成。何以故。而今是因。臨終是果。應須因實。（春種一粒穀）果則不虛。（秋收萬顆子）聲和則響順。形直則影端也。（先從信願入）

蕅益大師曰。九品謂深信切願念佛。而念佛時心多散亂者。卽是下品下生。深信切願念佛。而念佛時散亂漸少者。卽是下品中生。深信切願念佛。而念佛時便不散亂者。卽是下品上生。念到事一心不亂。不起貪瞋癡者。卽是中三品生。念到事一心不亂。任運先斷見思塵沙。亦能伏斷無明者。即是上三品生。總不外乎定專二心。

元優曇大師曰。眞信修行之事。端的是要生極樂世界。專意一念。持一句阿彌陀佛。只此一念。是我本師（即心是佛）。只此一念。即是化佛（何佛非心）。只此一念。是破地獄之猛將（永免悲道）。只此一念。是斬羣邪之寶劍（立破羣迷）。只此一念。是開黑暗之明燈（大開覺路）。只此一念。是渡苦海之大船（速登彼岸）。只此一念。是醫生死之良方（出死入生）。只此一念。是出三界之徑路（超凡入聖）。只此一念。是本性彌陀（淸淨法身）。只此一念。達唯心淨土（自性西方）。但只要記得這一句阿彌陀佛在念。莫教失落。念念常現前。念念不離心。無事也如是念。有事（口頭說者心頭注著）也如是念。安樂也如是念。病苦也如是念。生也如是念。（不論境界只是一念方得成功）死也如是念。（畢命爲期）如是一念分明不昧。又何必問人覓歸程乎。

蘇東坡曰。佛以大圓覺充滿河沙界。我以顛倒想出沒生死中。云何以一念得往生淨土。我造無始業。本從一念生。（心生則種種法生心滅則種種法滅）既從一念生。還從一念滅。生滅滅盡處。則我與佛同。如投水海中。如風中鼓橐。雖有大聖智。亦不能分別。

又曰凡修淨土之人灼然自要敵他生死不是說了便
休（人生如呼吸要立定主意）當念無常迅速時不待人須是把做一件事始得若
也半進半退似信似疑到了濟得甚麼邊事如何出離
輪迴（先要信心苟日新日日新）若是信得及便從今日去發大勇猛發大精進莫
問會與不會（不必參究談禪）見性不見性但只執持一句南無阿彌陀（將一句彌陀）
佛（作無義味語一念萬年）如靠著一座須彌山相似搖撼不動專其心一其意
或參念觀念憶念十念或默念專念繫念禮念念念在
茲常憶常念朝也念暮也念行也念坐也念心念不空
過念佛不離心日日時時（把持得定）不要放捨（是事一心）緜緜密密如雞抱

卵常教暖氣相接即是淨念相繼更加智照則知淨土即是自心此乃上智人修進工夫如此把得定做得主靠得穩縱遇苦樂逆順境界現前只是念阿彌陀佛無一念變異心無一念退惰心無一念雜想心直至盡生永無別心決定要生西方極樂世界果能如是用功則歷劫無明生死業障自然消殘塵勞習漏自然淨盡無餘親見彌陀不離本念功行滿願力相資臨命終時

定生上品

淮陽曉山和尚修念佛箴云示汝諸有情可以整心

是�造一心

造次顛沛必於是

不改易

不退轉

不散亂

舉命不更

趣。棄卻貪瞋癡。大家秉智慧。冷眼掛眉間。看破紅塵（惟慧眼能看破）事。積金玉如山。難買三寸氣（一錢帶不去）。眷屬與恩親。暫如傀儡（終不能久聚）戲。生前一聚首。死後誰能替（惟當獨往）。終有散場時。有甚風流致。靜裏細思量。一場無滋味（竟是空華）。何不早休心（立定主意）。念佛修三昧。

又曰。今人皈投佛會。或為病苦而發心。或為報親而舉（此數者皆非願生樂土）念。或為保扶家室。或為怖罪持齋。雖有信心而無行願。罕有為自己生死。發願念佛。求生淨土者。與經中本意（切中時弊）不合。修行弟子。當一念回光。修出世法。願捨娑婆。往生（橫截生死不受輪回）

淨土。正如久客在他鄉。思欲歸於故里也。求生淨土。在平願力堅強。華嚴經言。是人臨命終時。一切諸根悉皆散壞。惟此願王。不相捨離。於一切時。引導其前。一剎那中。即得往生極樂世界。

西方正是歸路

應當發願

願常終似影隨身

念佛原以了生死。蓮池大師常書生死事大四字於案頭以自策。及臨終謂弟子曰。老實念佛。莫換題目。

付囑語切

言行以成其願

藕益大師曰。夫念佛法門。別無奇特。只是深信力行爲要耳。可惜今人將念佛看做淺近勾當。謂愚夫愚婦工夫。所以信既不深。行亦不力。終日悠悠。淨功莫剋。只貴

愚夫愚婦以實信

有淨土反得往生

歧路

（亡羊專注中鵠）信得及。守得穩。直下念去。或晝夜十萬。或五萬。三萬。以決定不缺為準。畢此一生。誓無改變。（不戲他岐）而不得往生者。三世諸佛。便為誑語。一得往生。則永無退轉。真能念佛。放下身心世界。（無住心）即大布施。真能念佛。不復起貪瞋癡。（清淨心）即大持戒。真能念佛。不計是非人我。（平等心）即大忍辱。真能念佛。不（真空心）稍間斷夾雜。（純一心）即大精進。真能念佛。不妄想馳逐。即大禪定。（寂照心）真能念佛。不為他歧所惑。即大智慧。要到一心不亂境界。亦無他術。最初下手。須用數珠記得分明。刻定課程。決定無缺。（緜密不忘　純任自然）久久純熟。不念自念。然後記數亦得。不記數亦得。若初心便要不著相。要學圓融自在。總是信不深。行不力。皆生死岸邊事。臨命終時。決用不著。

優曇大師曰。念佛人要知六度萬行。不出一心。人能執持一句阿彌陀佛。得成三昧。一念之中。與理相應。諸法現前。六度萬行。悉皆具足。

蓮池大師曰。或問今見世人念佛者多。生西方成佛者少。何也。此有三故。一者。口雖念佛。心中不善。（口是心非）以此不得往生。奉勸世人。既是念佛。便要依佛所說。要積德修福。（持戒修福爲本）要孝順父母。要忠事君王。要兄弟相愛。要夫妻相敬。要至誠信實。要柔和忍耐。要公平正直。要陰隲方便。要慈惠一切。不殺害生命。不淩辱下人。不欺壓小民。但有不好心起。著力念佛。（正念現前雜念退休）定要念退這不好心。如是纔是念佛的人。定得成佛。二者口雖念佛。心中胡思亂想。（妄念夾雜）以此不得往生。奉勸世人。念佛之時。按定心猿意馬。字字分明。心心照管。如親在西方面對。（應兼作觀）不敢散亂。如此纔是念佛的人。定得成佛。三者口雖念佛。心中只願求生富貴。（不脫塵緣）或說我等凡夫。西方無有我分。（愚夫愚婦不知有西方）止圖來世不失人身。（俗說前生修來）此則不合佛心。佛心指引你生西方。你卻自不願生。以此不得往生。奉勸世人。凡念佛者。決意求生。休得疑惑。且如天宮富貴。福盡也要墮落。（亦終福盡墮落）何況人間富貴。能有幾時。若說你是凡夫。西方無分。則聖賢都是凡夫做。（即非凡夫）安知你不生西方也。便可發廣大心。（立心成佛不成不休）立堅固志。誓願往生。見佛聞法。（自度）得無上果。廣度眾生。（廣度）如此纔是念佛的人。定得成佛。

蘇東坡為五祖戒禪師後身。（戒禪師住五祖山）常以阿彌陀佛像自隨。謂生西方公據。然聞公疾革時。語及西方。則曰。西方（不淺）不無。但箇裏著力不得。（嘗不虛浮不游移）夫修淨土者。必具三心。所謂（至言）深心。至誠心。回向發願心。乃至臨終十念。未有不著力而得者。至云著力不得。則三心未具。難保往生。

廣度門

矢決定之願者。自利復當利他。未能自度而先度人。自他俱溺。固屬非宜。祇求自度而不度人。（自了漢非大乘人）即落二乘淺見。尤為不合佛心。力雖未充。心無不具。儒書言自新新民。已立立人。皆是理也。輯廣度門。

龍舒淨土文曰。予為此淨土說。欲勸一切見者聞者。廣大其心。以佛之心為心。（發宏誓願自度度人是大乘）使人人盡生淨土。若止於自修。則是聲聞之徒。名為小乘。（羊鹿車）如車乘之小者。僅能自濟而（自度漢為阿

已能廣勸人者。名爲大乘菩薩。如車乘之大者。人我兼
濟。此獲福無量。所以至佛地也。勸人善道。名爲法施。淨（勸人學佛法施異於）
土法門。爲法施之大者。遂超出輪回。非其他法施之比。（財施）
故其福報。不可窮盡。大慈菩薩云。能勸二人修。比自已
精進。勸至十餘人。福德已無量。如勸百與千。名爲眞菩
薩。又能過萬數。即是阿彌陀。觀此則知西方之說者。豈
可不廣大其心。而使人人共知此道。以積無量福報乎。

文彦博歷仕宋仁英神哲四朝。素皈依佛法。晚向道
益力。專念阿彌陀佛。發願云。願我常精進。勤修一切

善。願我了心宗。廣度諸含識。集十萬人爲淨土會。（即是彌陀）一時士大夫多化焉。年九十二卒。

又曰。人苦飢者。與之一食。苦寒者。與之一衣。已爲大惠。況彼沈淪六道。無有出期。我指示以此法門。使直脫輪回。受無窮無極之壽樂。其惠豈可窮盡乎。何則。淨土更無輪回。已不退轉。直至成佛而後已。生於彼者。雖未成（已是菩薩）佛。乃成佛之階梯。是勸一人修淨土。乃成就一衆生作（有大誓願乃爲大乘）佛也。衆生作佛。皆由我而始。則其福報。不勝於以恆河沙等身布施耶。

汝州二沙彌。同志念佛。經五年。長者先亡。至淨土見佛。自言有小沙彌與我同修。可得生否。佛言。由彼勸汝。汝方發心。汝今可歸。益修淨業。三年後。當同來此。至期。二人見佛與聖衆。自西而來。大地震動。天花飄舞。一時同化。

優曇大師云。學佛多門。大悲是菩薩正轍。利他要行。勸進乃淨業勝因。經言。若人以四天下七寶。供養佛及菩薩緣覺聲聞。得福甚多。不如勸人念佛一聲。其福勝彼。誠以財施。則濟一世之貧。食施。則濟一日之命。法施。則令人出世其功德豈可比倫財施如燈止明一室法施則如日徧照大千（佛日光輝）吝法而不勸修累劫沈於黑獄念佛而行化導現生卽是彌陀廣布慈雲遞相勸勉推斯悲願普結淨緣拔沈溺之愛河出輪回之苦海齊登樂土共報佛恩

宋馮楫發願文云予之施經一事而具二施以貲造經是謂財施以經傳法是謂法施財施當得天上人間福德之報法施當得世智辯聰蓋世之報當知二報皆輪回之因苦報之本我今發願願同此二報臨（福慧雙修）

卽回向淨土

命終時。莊嚴往生西方極樂世界。普與眾生。悉得成佛。

又曰。佛言自未得度。先欲度人者。菩薩發心。自覺已圓。復覺他者。如來應世。蓮宗祖訓。創立淨土一門。行解相值。自利利人。化物無方。誨人不倦。稱曰導師。維摩經云。自疾不能救。云何救他疾。地獄報應經云。自不清淨。教人清淨。無有是處。智度論云。譬如二人。各有親屬。為水所溺。一人情急。直入水救。為無方便。彼此俱沒。一人往取船筏。乘之救濟。悉皆度脫。念佛法門。須自修自行。一

成己成人原是一理

一修持。一一成就。既自利。然後利人。是乘彌陀之大願力。船救濟苦海中之沈溺也。其功德豈易量哉。

昔釋迦佛在世時。有一國難化。佛言與目連有緣。使往化之。其國人果皆從化。人問其故。佛言。往昔世目連嘗為樵人。於山中驚起一羣蜂子。目連乃發善言曰。我得道後。盡度此蜂子。今此一城人者。乃當時蜂子也。目連發此善言。故為有緣。由此觀之。非徒於一切人當勸修淨土。一切禽獸蠉飛蠕動之類。見之皆當念阿彌陀佛數聲。發願盡度。如是則善念純熟。上

九種度生

品上生矣。

徑中徑又徑徵義卷下

清歸安張師誠輯　海鹽徐槐廷徵義

勵行法

精持門

信既篤矣，願既堅矣，無實行以自勵，則信為徒信，願為徒願，空言無補，何能俾獲？凡事必有苦行，方可成就，況出世之大乎？今不必萬行全修，只此至易持名之徑路，猶不精心果力，可乎？持名者須以心念，莫但（心心照管，力須省）口念。平時妄念紛飛，無由覺察，一經手提數珠，始覺

察

此心之難制。余根鈍障深。向用強制之法。手掐此珠。心隨此手。勿使一珠空過。庶幾稍有把握。爰採昔賢警語。銘諸座右。以收放心。而資省惕。輯精持門。

念佛至要　手持心注神不外散

西方確指覺明妙行菩薩曰。大凡修淨土人。最忌夾雜。何謂夾雜。即是又誦經。又持呪。又做會。又好說些沒要緊的禪。又要談些吉凶禍福。見神見鬼的話。卻是夾雜也。既夾雜。則心不專一。心不專一。則見佛往生難矣。卻不空費了一生的事麽。如今一概莫做。只緊緊持一句阿彌陀佛。期生極樂。日久成功。方不錯卻。偈曰。阿彌陀

老實念佛

一生空過最爲可惜　一念專精莫別思量

一句。萬法之總持。心與聲相依。念茲復在茲。感應不思議。蓮開七寶池。又偈曰。少說一句話。（莫管閒事）多念一句佛。（心心是佛）打得（只是）念頭死。（不動即得往生）許汝法身活。

蕅益大師曰。念佛之人。切忌今日張三。明日李四。遇教下人。（是知客行徑非真實修行者）又思尋章摘句。遇宗門人。又思參究問答。遇持律人。又思搭衣用缽。此則頭頭不了。悵悵不清。普濟慈航云。（度生）凡修淨土。除念佛外。惟誦淨土真言。超度一切眾生。（亦是念佛中事）往生西方則可。餘與淨土無涉。

又曰。大抵修淨業人。行住坐臥。起居飲食。俱宜西向。則機感易成。室中祇供一佛。一爐。一經。一桌。一椅。不得放（先淸境界胸中廓然）多餘物件。庭中亦掃除潔淨。使經行無礙。要使此心一（胡思亂想念佛無益須要空洞無物前後際斷念佛不知念佛）絲不掛。萬慮俱忘。空空洞洞。不知有身。不知有世。並不（事方可成功）知我今日所作是修行之事。如是則與道日親。與世日隔。可以趨向淨業。蓋汝生時（生時不掛一念）拋撇得乾淨。念頭上不存些子根節。大限到來。（死時不留一念）灑灑落落。不作兒女子顧戀身家子孫之態。豈不是大丈夫舉動。

法光禪師具宗門作用。德淸師請益。曰。無奇特。只離（先去六識）心意識。參出聖凡路。師往憨山住。一日。粥罷經行。介

爾立定。不見身心世界。唯一大光明圓滿無邊。山河

心地空明成光明世界

大地影現其中。比覺覓身心了不可得。示衆偈云。曾

身心洞然若一著相便不能矣

然一念狂心歇。內外根塵俱洞徹。翻身觸破太虛空。

萬象森羅從起滅。自此湛然度日。一切聲色無礙。知

見頓空。常以修西方法要示世。

光驅雜

又曰。有問念佛不能一心。當作何方便。菩薩曰。汝但息

思切勿貪快　心口相應歷歷分明

想定慮。徐徐念去。要使聲合乎心。心隨乎聲。念久自得

諸念澄清。心境寂照。證入念佛三昧。然平日必須多念。

從千至萬。心無間斷。則根器最易純熟。若强之使一。終

不一也。

張光緯念佛說曰。經云。執持名號。一心不亂。吾今作一方便。自視此心如淨寶瓶。佛名如穀。逐字逐句。如穀投瓶。貫珠而下。穀既無盡。瓶亦不滿。不放一粒拋向瓶外。顧念此瓶。不滿徑寸。中藏三千大千世界百億微塵數佛。我亦與之俱會一處。游樂宴息。方是我安身立命處。

（此喻甚妙）（纍纍貫珠相續不絕）（不滲不漏）

蓮池大師曰。彌陀經言。若人念佛。臨命終時。必生彼國。又觀經言。念佛之人。生彼國者。蓮分九品。蓋此念佛法

門不論男女僧俗不論貴賤賢愚但一心不亂隨其功
往生自分等級　以下二
行大小九品往生故知世間無一人不可念佛若人富
十種人皆當念佛若謂不暇念不能念者眞是無福
貴受用現成正好念佛若人貧窮家小累少正好念佛
若人有子宗祀得託正好念佛若人無子孤身自由正
好念佛若人子孝安受供養正好念佛若人子逆免生
恩愛正好念佛若人無病趁身康健正好念佛若人有
病切近無常正好念佛若人年老光景無多正好念佛
若人年少精神清利正好念佛若人處閒心無事擾正
好念佛若人處忙忙裏偷閒正好念佛若人出家逍遙

物外。正好念佛。若人在家。知是火宅。正好念佛。若人聰明。通曉淨土。正好念佛。若人愚魯。別無所能。正好念佛。若人持律。律是佛制。正好念佛。若人看經。經是佛說。正好念佛。若人參禪。禪是佛心。正好念佛。若人悟道。悟須佛證。正好念佛。普勸世人。火速念佛。九品往生。華開見佛。見佛聞法。究竟成佛。始知自心。本來是佛。

念佛須圓頓法　不假方便自得心開

此心專一　隨其所在常

無名僧者。居湖廣黃州。專持阿彌陀佛。隨所見皆稱阿彌陀佛。崇禎時。張獻忠攻黃州。僧坐城上。夜間高唱阿彌陀佛。軍士縛投城下。俄而復上。唱佛。每東城

若有見

佛力護念

下西城上南城下北城上始敬禮焉一日見一雞高聲唱佛雞亦隨聲而唱（隨感皆應）端午見遊船中人大哭曰衆生以苦爲樂乃如是耶（喚醒夢夢）弟子錢生懇示修行之要曰一心念阿彌陀佛（正法眼藏）

又曰念佛有默持有高聲持有金剛持然高聲覺太費力默念又易昏沉只是緜緜密密聲在於脣齒之間乃爲金剛持（勿忘勿助永無間斷此法最妙）又不可執定或覺費力則不妨默持或覺昏沉則不妨高聲（可定心氣可醒睡魔）如今念佛者只是手打魚子隨口叫喊（主人公在否）所以不得利益必須句句出口入耳聲聲喚醒自心譬

如一人濃睡。一人喚云某人。則彼即醒矣。所以念佛最（可收）能攝心。（放心）

空谷大師曰。念佛一門。修行捷徑。緊念慢念。高聲低聲。總無拘礙。但令身心閒淡。默念不忘。靜鬧閒忙。一（不著根塵持之勿失）而無二。忽然觸境遇緣。打著轉身一句。始知寂光淨（明心見性成佛宗旨）土。不離此處。阿彌陀佛。不越自心。優曇和尚令人提云念佛者是誰。或云那箇是我本性彌陀。謂是攝心念佛。參究念佛。今不必用此法。只用平常念去。（極妙）

又曰。夫學佛者。無論莊嚴形迹。止貴真實修行。在家居（此專就在家說）

士不必定要緇衣道巾。帶髮之人。自可常服念佛。不必定要敲魚擊磬。好靜之人。自可寂默念佛。不必定要成羣做會。怕事之人。自可閉門念佛。不必定要入寺聽經。識字之人。自可依教念佛。千里燒香。不如安坐家堂念佛。供奉邪師。不如孝順父母念佛。廣交魔友。不如獨身清淨念佛。寄庫來生。不如見在作福念佛。許願保禳。不如悔過自新念佛。習學外道文書。不如一字不識念佛。無知妄談禪理。不如老實持戒念佛。希求妖鬼靈通。不如正信因果念佛。以要言之。端心滅惡。如是念佛。號曰

（四層異於僧眾）（默念西方）（密修淨土）（讀誦大乘）（五層異於俗家）（皈依三寶）（眾善奉行）（諸惡莫作）（發菩提心）（修十善業）（明出世因）（下品）

善人。攝心除散。如是念佛。號曰賢人。〔中品〕悟心斷惑。如是念佛。號曰聖人。〔上品〕

師曰。我出家後。到處參訪。時徧融師門庭大振。予至京師叩之。膝行再請。師曰。你可守本分。不要去貪名逐利。不要去攀緣。只要因果分明。一心念佛。〔出家本分〕予受教出。同行者大笑。以這幾句話。那箇說不出。千里遠來。只道有甚高妙處。原來不值半文。予曰。這箇正見他好處。我們渴仰企慕。遠來到此。他卻不說元說妙。淩駕我們。只老老實實。把自家體認過切近精實的工〔眞實修行惟此而〕

夫已了寧開示。故此是他好處。我至今著實遵守。不曾放失。

又曰。予昔在鍊磨場中。時方丈謂眾曰。中元日當作盂蘭齋。予以為設供也。俄而無供。惟念佛三日而已。（可見念佛勝於誦經）

又聞昔有院主為官司所勾攝。堂中第一座集眾救護。以為持誦也。亦高聲念佛而已。（念佛救護現生）此二事迥出常情。有大人作略。真可師法。

優曇大師蓮宗寶鑑曰。離相念佛三昧無住法門。（一切）慈照宗主云。離相念佛三昧者。上根智人。悟此深理。常運

虛空平等心。無我人眾生壽者相。經云。離一切諸相。卽
諸相悉皆空寂
名諸佛。由是念念彌陀出世。處處極樂現前。如此者。離
學道要訣但莫於心上著一物
相則無相。無相則無住。無住則入佛境界。此乃無上正
眞大菩薩道。
金剛經云。應如是生淸淨心。應無所住而生其心。淸
與虛空等
無所
淨體中。空空蕩蕩。晃晃朗朗。一無所有。一切無住。心
不有
要訣云。眞心本乎無住。無住心體。圓融不測。淨名經
無住是萬法宗旨
云。一切法以無住爲本。安住無爲。名之爲住。住無方
所。故名無住。無住心者。是爲眞心。

空觀念佛三昧無念法門。　空觀念佛三昧者。智者大師示三止三觀之法。先空次假次中。今欲令行者返妄歸眞。先觀一切法是假。乃至四大五蘊六根六塵六識。盡十方世界山河大地。皆無一物。了知虛妄而得會眞。

（先要靜坐方能觀空）（一切放下放）

修此者。先要攝心靜坐。將世間一切虛妄不實境界盡情掃蕩。俱不住著。唯觀於空。並空空亦不可得。如是頓

（下又放下）（亦無空相）

入如來寶明空海。性覺眞空。即如來藏。

瓔珞經云。世人不能成道而脫生死者。良由妄念爲

（謂無邪念非無正念）（一念）

輪迴種子耳。釋教以無念爲宗。若見一切法。心不染

著。（不生諸妄自滅）是為無念。無念之念。乃為正念。圭峰師云。覺諸相空。（無念由於無相）心自無念。念之即覺。覺之即無。修行之妙。惟在於此。古德云。大道教人先止念。念頭（齊放下）不住也徒然。

參禪念佛三昧究竟法門　遠祖師禪經序云。禪非智無以窮其寂。智非禪無以深其照。禪智者。寂照之謂也。念佛之人。欲參禪見性。但依此法。要於靜室正身端坐。（物外寄閒身諸緣任運歇）掃除緣累。截斷情塵。外不著境。內不住定。回光一照。（一塵不染）內外俱寂。然後密密舉念南無阿彌陀佛三五聲。豁然明悟。親見本性彌陀。（是為自性佛）內外身心。一時透脫。（心淨則土淨）盡乾坤大地。是

箇西方。萬象森羅。無非自己。靜無遺照。動不離寂。得生

常寂　常照

上品。名實報莊嚴土。

永明禪師四料簡云。有禪無淨土。十人九錯路。陰境

業障所牽　捷徑穩路

若現前。瞥爾隨他去。無禪有淨土。萬修萬人去。但得

先生後悟　錦上添花

見彌陀。何愁不開悟。有禪有淨土。猶如帶角虎。現在

爲人師。將來作佛祖。無禪無淨土。鐵牀與銅柱。萬劫

永無出期

與千生。沒箇人依怙。蓮池師云。參禪主乎見性。單持

兩者並行不悖

乃切往生。念佛人見性。正上品上生事。若云經中專

言執持名號。曾無參究之說。但欲存此廢彼則不可。

蓋念佛人見性。豈患其不生耶。

攝心念佛三昧調息法門。　坐禪三昧經云。菩薩坐禪。不念一切。惟念一佛。即得三昧。初機修習。未免昏散二病。入天寶鑑云。凡修禪定。即入靜室。正身端坐。數出入息。從一至十。從十至百。至千萬。此身兀然。此心寂然。與（無相）空虛等。（無念）不煩禁止。自得明悟。今此攝心念佛。欲得速成三昧。數息最要。（亦收心法　清淨心中化爲光明照十方）凡欲坐時。先想己身在圓光中。默觀鼻端。（界）想出入息。每一息。默念南無阿彌陀佛一聲。方便調息。不緩不急。心息相依。勿令間斷。乃至深入禪定。息念（內外圓）

明徧成虛淨

兩忘。即此身心。與虛空等。久久純熟。心眼開通。三昧忽爾現前。即是唯心淨土。

唐飛錫大師云。世上以水晶菩提木槵為數珠多矣。吾則以出入息為念珠焉。稱佛名號。隨之於息。（使心不外馳絕妙）行住坐臥。（法門）常用此珠。縱令昏寐。合佛而寢。覺即續之。必於夢中得見彼佛。夢之不已。三昧成焉。面覩玉毫。親蒙授記。則萬無一失也。

一相念佛三昧專念法門。　大般若經云。佛告曼殊室利言。菩薩能正修行一相莊嚴三昧。疾證菩提。修此行

者。應離喧雜。不思眾相。專心繫念於一如來。審取名字。（念一佛即已念一切佛）
善想容儀。即爲普觀三世一切諸佛。即得諸佛一切智（兼作觀想）
慧。天台十疑論云。眾生根鈍。濁亂者多。若不專心繫念
一佛。則心散漫。三昧難成。故專令念阿彌陀佛。即是一
相三昧。

彌陀疏鈔曰。或謂佛佛可念。何不隨念一佛。而必念
阿彌陀佛。不知彼佛與諸眾生偏有因緣。故（有四十八願）良由彼
佛名號。人所樂稱。就令惡人。有時不覺失聲念佛。人
逢喜事。不覺念佛。人逢惡事。及與苦難。不覺念佛。莫

或使之而自然耆。則專念彌陀。卽得三昧。

憨山大師曰。佛爲救度娑婆世界諸苦眾生。專說西方極樂淨土法門。（佛祖開示法門）但專念阿彌陀佛。發願往生彼國。有彌陀經一卷。所說都是彼佛國土境界實事。其修行之方。（簡要直捷不須餘法）但以念佛爲主。每日早起禮佛。卽誦彌陀經一卷。或金剛經一卷。（尤忙之極必須十念）卽持數珠。誦阿彌陀名號。或三五千聲。或一萬聲。（凡一毫之善皆須回向西方）完卽對佛回向發願往生彼國。此是早功課。晚亦如是。以爲定課。每日除二時功課之外。於二六時中。單將一聲阿彌陀佛。橫在胸中。念念不忘。心心不昧。把一

切世事都不思想但只將一句佛作自己命根咬定牙
關決不放捨乃至飲食起居行住坐臥此一聲佛時時
撥轉心頭急急提念同瞋
現前若遇順逆喜怒煩惱境界心不安時就將者一聲
作喜得大解脫
佛提起一機即見煩惱當下消滅以念念煩惱是生死
正智觀察求以出世
苦根今以念佛消煩惱便可了得生死更無別法若念
仍須知願力極大若願生淨土之
佛念到煩惱上作得主即於睡夢中作得主若於睡夢
心切精勤念佛念至臨命終時乘此願力引導其前念
中作得主則於病苦中作得主若於病苦中作得主則
心愈猛即蒙接引　尋一歸
於臨命終時分明了了便知去處矣此事不難只要一
原結束處　如子憶父念念固結
念為生死心切單單靠定一聲佛再不別向尋思久久

純熟自然得大安樂（即得往生）自在得大歡喜受用

白樂天念佛偈云余年七十二不復事吟哦看經費眼力作福畏奔波何以度心眼一聲阿彌陀行也阿彌陀坐也阿彌陀縱饒忙似箭（忙裏偷閑）不廢阿彌陀日暮而（心急足）途遠（危已經無及）吾生已蹉跎旦夕清淨心（一心不亂）但念阿彌陀達人應笑我多卻阿彌陀達又作麼生不達又如何普勸法界眾同念阿彌陀

張光緯念佛說曰石南和尚偈云念佛切莫貪多念且念一百心不亂九十九聲心念差捋轉念珠多不算如（如此自然用心）

是一百百至千。從千至萬如珠貫。箭射不入刀不侵。百萬魔軍皆退竄。吾向來念佛亦只囫圇念過。今始知須（心不外放）字字從心裏出。還字字入心裏去。當念佛時。先要閉目（八字）（要訣）端坐凝神定慮。（三心易犯）不可有雜亂心躁競心昏惰心。開口出（六句念法）聲務令聲從心發。（心口相應）心藉口傳。（純如）息調聲和。不徐不疾。（皦如）字字（繹如）分明。句句相續。分之則一字可作一句讀。貫之則百千句直如一句。緜緜密密。自一聲至千萬聲。自一刻至十（二句工夫）二時。無斷無續。不缺不漏。久之純熟。花開見佛。

呂祖偈云。念佛虔誠便是丹。念珠百八轉循環。念成

念之成

舍利超生死。念結菩提了聖凡。念意不隨流水去。念

念之心

上句是

安定下句是空寂

心常伴白雲閒。念開妙竅通靈慧。念偈今留與汝參。

明徑山覺浪道盛禪師念佛直指圖說

常寂光

靈光獨耀
迥脫根塵
體露眞常
即如如佛

一心不亂

五蘊皆空
六根非有
一心不亂
佛土現成

南無阿彌陀佛

是心作佛
是心是佛
離心無佛
念心念佛

師云。佛法之要。莫過參禪念佛。持呪修觀。持戒修福也。

以果地覺爲因地心　念佛念心

而念佛三昧。最爲尊特。蓋人祇有一心。既此心全提心

掃除節縱自成一片　當體空淨得常寂光

佛。則一切妄念雜念。皆攝歸於不亂之正念。無始來業

識種子。悉融化爲獨露之眞心。正以全提心佛。萬法皈

依不假方便自得頓超此法門自遠公開宗結社廬山如十八高賢輩各有感應及臨終見佛聖境現前而得往生者無算是皆一生取辦不待來世再修故吾特創立此圖以明馬祖即心是佛之宗旨也

圓信師云一心不亂者只以一句佛名極力追頂猛之又猛情識一斷則過去事思量不來未來事卜度不著現在境心識不攙三心斷絕謂之前後際斷自前如大圓鏡中所現森羅萬象了無一物可指蕩然身心如雲去來此箇光景名爲一心不亂到此便無

一念不生全體現六根纔動被雲遮
用當念一句爲主截斷前後際亦煩雜中念佛之捷徑
常寂光心同太虛無所有

一心清淨蓮界現前 觸處皆道

心可亂也。現今目前便是極樂世界。山光水聲。無非佛法。所以臨終時。便無痛苦。

石雨方禪師云。念佛有多種。有漸有頓。有頓中漸。有漸中頓。所謂漸者。如今人油口念佛。雖不知觀相。不識西方。他後直至善惡業報盡時。這一句油口彌陀也用得著。若是頓念的人。直下持名。或一日或七日。念得一心不亂。不獨死後往生。卽現在彌陀全身顯現。更有要識念佛是誰的人。隨念隨叩。叩到無可叩處。忽然撞著。此便是頓中漸。若漸中頓者。不管你西方東土。也不管你

此爲下等人說心多散亂

觀不念彌陀勝

此是上等人一心不亂

念佛之心不緣過去不緣未來但緣現前一句以爲往生正因此萬修萬人去之法也

淨念散念只要一句念得着便是好手所謂若人散亂心入於塔廟中一稱南無佛皆已成佛道

蓮池大師曰子見新學生把一句佛頓在心頭閒思妄想越覺沸騰便謂念佛不能攝心不知萬念紛飛之際正是做工夫時節旋收旋散旋散旋收久後工（由勉強至自然及其成功一也）夫純熟自然妄念不起且汝之能覺妄念重者虧這一句佛耳如不念佛時瀾翻潮湧刹那不停自己豈能覺耶按此則散亂心念佛必得久歸純一也耶

兼觀門

古德謂眾生心雜。觀想難成。是以惟勸專持名號。夫觀法亦分事理二門。理觀之細。如所謂一心三觀。元妙精微。誠非初心凡夫所能猝就。其事觀工夫。於十六觀中。隨取一觀。時時觀想。專注勿移。心（淨土是境）境空澄。持誦更為得力。（觀想在境亦在心故能得力）平時觀想既熟。臨期境乃（境由心定）現前。此為騎馬拄杖把穩要法。不可不兼修也。輯

兼觀門。

龍舒淨土文曰。齋戒潔已。清心靜慮。（先攝心）面西安坐。閉目（次攝目）默然。觀想阿彌陀佛真金色身。在西方七寶池中大蓮華

上坐。其身長丈六。兩眉中間向上有白毫一條。八棱中空。右旋轉五遭。光明照耀。金色面與金色身。次停心注想於白毫。更不得妄有分毫他念。當令閉眼開眼悉皆（常目在茲所謂顧諟也）見之。蓋欲念念不忘也。如此久久。念心純熟。自然感應見佛全身。此法最為上。謂身想佛時。此身即是佛。（是心作佛是心是佛　身在蓮臺趺坐）又過於口念也。身後必上品上生。（是眞非假）唐啟芳圓果二人作觀想法。只五月。自覺身到淨土。見佛聞法。

唐啟芳圓果二法師於藍田縣悟眞寺。一夏結期。念（觀法）阿彌陀佛。晝夜觀念不捨。閱五月。於觀想中。覺身臨

純熟

寶池見觀音勢至坐二大蓮華有千萬蓮華彌滿其間阿彌陀佛從西來坐一最大蓮華光明映照芳果作禮問曰閻浮提眾生依經念佛得生此否佛言勿疑定生我國也又聞釋迦世尊與文殊菩薩讚法華經其前有三道寶階其一白衣其二僧俗相半其三唯僧也云皆是念佛人來生此矣芳果出定與其徒言如此

宋遵式往生坐禪觀法云欲修往生觀者當於一處繩牀西向坐已自想所修合生極樂世界便起心生於彼

觀己相有六層

想。於蓮華中結跏趺坐。作華合想。作華開想。當華開時。有五百色光來照身想。作眼目開想。見佛菩薩及國土想。即於佛前坐聽妙法。及聞一切音聲。皆說所樂聞法。

精誠凝結

作此想時。大須堅固。令心不散。心想明了。如眼所見。經久乃起。又直想阿彌陀佛丈六金軀。坐於華上。專繫眉間白毫一相。其毫長一丈五尺。周圍五寸。外有八楞。其毫中空。右旋宛轉。在眉中間。瑩淨明徹。顯映金顏。作此想時。停心注想。堅固勿移。如鏡中面象。如水中月影。心想寂靜。則能成就念佛三昧。

觀佛相有四層

琉璃地上禮金仙　念念不忘常若有見有參前倚衡光景

幽溪大師曰。凡於行住坐臥時。則一心稱名。凡於趺坐蒲團時。則心心作觀。行倦則趺坐以觀佛。坐久則經行以稱名。苟於四威儀中。修之無間。往生西方必矣。

憨山大師云。一心持名。固是正行。又必資以觀想。更見穩密。其法就念佛時。心中時時默下觀想。想目前生一大蓮華。不拘青黃赤白。狀如車輪之大。觀想華狀分明。仍想自身坐在華中鬚臺之上。端然不動。想佛光明來照其身。作此想時。不拘行住坐臥。亦不計歲月日時。只

（目想神遊）（想蓮華）（想已身）（想佛相）

咫尺仙源曾不隔　夢中得見皆因觀想純熟

要觀境分明。開眼合眼。了了不昧。乃至夢中亦見阿彌陀佛與觀音勢至同坐花中接引。一念之頃。即得往生西方極樂世界。居不退地。永不復來受生死之苦。

明僧性專。十二時唯誦法華。行深禪定。嘗於空中見西方寶池。成琉璃色。深廣無際。以白妙峰師。妙峰曰。此觀行初成之相。不生取著。是善境界。專遂深祕不言。

參禪要

離想念佛專在想修觀門尤爲念佛要訣故能易成

明唐宜之曰。竊見邇年禪律講之期。所在宣揚。唯淨土觀門。廢閣不講。夫世間口裏誦佛之人不少。而生淨土

神遊佛境方能有濟

不多者，不修觀門故。蓋往生者，心能往，口不能往也。使修觀之人，著衣喫飯，常在觀中。或神遊蓮海華中禮佛，

要著

樂陶陶西方妙境

四層觀法

或坐瞻金容，光輝四映，或面覩彌陀身滿虛空，或靜見伴侶同臨德水，淨想既成，往生何待。

神至方能形至

宜之名時，專修佛觀，過南京長干寺，禮塔念佛，次見塔頂放白光，佛為現相如黃金色。一日坐禪堂，推窗忽見大海中湧一小佛，坐其上，光明四徹，牆壁林木。盡空不見，其精誠所感如此。

張次民曰：念佛之法，須兼作觀，瞑目向西，端坐默想，神

與形離，驀直西去。漸見樹林及諸水鳥，金繩界道，欄楯交羅。取次遍行，寶池勝蓮，香臺樓閣，種種在目，儼然如來現身丈六，觀音侍左，勢至侍右，放眉間光，垂手接引。我及海眾，同攝光中，隨引而上，禮足悲懇，於時忽見金掌摩頂，甘露灑身，此心廓然，獲大安隱，徐徐神返，若出定然。於彼界中，日遊一遍，往生路熟，時至不迷。願以此告諸念佛人，須知心念莫但口念，入此門時，去佛不遠。

（一層）（二層）（三層）（四層）（五層）

（若一不神遊佛土，如數他人珍寶，於己何有）

顧原號寶幢居士，精修禪觀，憩山清公一日至棲霞寺，望見一道者閒閒如孤鶴，即之其目不瞬，脫若遺

（心與冥合）

感應

世。已而入殿門。禮舍利塔。瞻拜良久。塔頂忽現五色光。赭如寶錯。清公異之。以語雲谷。雲谷曰。此寶幢也。作西方觀耳。頃之。宗微疾。語曰。我坐蓮華中半月餘。神已到淨上矣見彌陀法身。徧虛空世界皆金色。佛視我微笑而挈我。又以袈裟覆我。我決定往生西方矣。樓神已在蓮華

阿彌陀經疏鈔云。修淨土者。若禮佛時。當想己身在蓮華中作禮。沸在蓮華中受我禮敬。若念佛時。當想己身在蓮華中結跏趺坐。佛在蓮華中接引於我。然後一心持名。昔有一僧作蓮華開合想。遂得往生。況復加之一

心持名而不往生乎。專主於觀想者，少時持名。專主於持名者，少時觀想。亦隨分之意也。

楚石琦禪師專志淨業，室中置一小牀，日趺坐默觀大蓮華出現，其華莖葉充滿法界。有一如來相好端嚴，坐其上。眉間白毫放出光明。其光所照樓臺池沼行樹欄楯，眾寶間錯。水鳥天樂，皆演苦空無我之法。見觀音勢至在其左右。清淨海眾皆得不退轉。從定而起。空空不可得矣。有懷淨土詩百韻行世。

斷愛門

執持觀想之功。未嘗無勤勤懇懇者。而於世緣未能割斷。愛情牽曳。即妄念紛飛。有所好樂。固爲愛。忿懥憂患恐懼。亦由愛而生。心不能正。職是之由。縱平時覷破。而臨事難免動心。以致淨功無成。良可歎惜。必有堅忍之力。祈斷愛緣。時時體察。由強制而至於自然。其庶幾乎。輯斷愛門。

覺明妙行菩薩曰。有問學人云何得離塵欲得無障礙。菩薩曰。我將由小而推之大。由外而推之內。汝等當善解其義。有人於此。無故而奪汝一文。動嗔恨否。曰。一文雖微見奪則瞋。又無故而予汝一文。生喜悅否。曰。一文雖微見予則喜。有答以一文甚微。予何足喜。奪無可瞋者。菩薩曰。汝能如是。心之清淨久矣。何至今日尙沉濁垢耶。汝等當知學人見有見無。處處是著。念念皆貪欲（此法甚妙從少至多觀多猶少自然貪瞋俱忘）斷貪著。先從一錢之予奪作棄捨想。作非我有觀。奪不（要知我生之初一錢不曾帶來我生之後一錢不能帶）起瞋。予不起悅。如是乃至百千萬錢。乃至億億萬錢。乃（去何不身心坦蕩尋取本來面目）至身肉骨髓。乃至妻子財產。乃至過現未來心意意識。乃至生死業報菩提涅槃。一切皆如此一錢之予奪。自然習漏消亡。障緣永滅。漸復清淨。成就道品。汝等依此修行。勿更自虞窒礙。又曰。汝等處身纏世網。念頭不得乾淨耶。我有一法。汝但發箇遠離求度之願。將牢牢歸向極樂世界。見阿彌陀佛之心。換御勞勞奔走名利之（聲色豪華一筆銷）心。便能脫塵勞而即覺路矣。

宋僧法一。宗杲從東都避亂渡江。各攜一笠。杲笠中有黃金釵。（心有所牽）每自檢視。一伺知之。杲起如厠。一亟探釵擲江中。（真良友）杲還亡釵。不敢言而色變。一叱之曰。與汝共學了生死大事。乃眷眷此物耶。（與曾華鋤金事如何）我適已為汝投之江流矣。杲展坐具。作禮而行。

幽溪大師淨土法語曰。楊次民謂愛不重。不生娑婆。念不一。不生極樂。娑婆有一愛之不輕。則臨終為此愛所牽。（慧劍一揮心無所戀）矧多愛乎。極樂有一念之不一。則臨終為此念所轉。（佛珠雙照心無所紛）矧多念乎。所謂愛者。自父母妻子。昆弟朋友。功名富貴。文章詩賦。道術技藝。衣服飲食。屋宇田園。林泉花卉。珍寶玩物。（欲出娑婆剷除淨盡）有一物之不忘。愛也。有一念之不遺。愛也。有一愛存於懷。則念不一。（一而一）有一念不歸於一。則不得生。問輕愛有道乎。曰。輕愛莫要於一念。問一念有道乎。曰。一念莫要於輕愛。（不見可欲使心不亂）欲輕其愛者。莫若村其境。境皆空。萬緣都寂萬緣都寂一念自成一念既成則愛緣俱盡矣曰（太上忘情）杜境有道乎曰杜境者知萬法本自不有有之者情故情在物在情空物空萬法空而本性現本性現而情念息是以欲杜其境莫若體物虛體物虛則情自絕情絕則愛不生而唯心現念一成圓覺經云知幻即離不作方便離幻即覺亦無漸次功效之速有如桴鼓矣（以性制情）（無情故無愛）

（修福）（無相）（忍辱）明周廷璋生於正德嘉靖間為人醕朴治家不計有輒散之貧者人與之語輒笑或詬之詈辱之亦笑而已晨起必誦金剛彌陀觀音經各一卷曰吾不離日

用不涉貪愛而已。年八十七將終。謂家人曰。觀音謂我絕葷五日可西行。遂日食一蔬一粥。誦經而逝。

憨山大師曰。念佛求生淨土。原是要了生死大事。如何得了生死。如何是生死根株。古人云。業不重。不生娑婆。愛不斷。不生淨土。是知愛乃生死根株。（最堪憐無端愛欲牽）既不知生死根株。則念佛一邊念。（愛根障礙）生死根只聽長。如此念佛。念到臨命終時。只見生死愛根現前。那時方知佛全不得力。悔之遲矣。故勸今念佛人。先要知愛是生死根株。而今念佛。（只恐臨時彼此牽纏）念念要斷這愛根。（刀斬截）如眼中見的兒女子孫。家緣財產。無

一不是愛的全身在火坑中一般這一聲佛果能斷得
（愛河沉溺如何能出）
這愛否若斷不得這愛如何了得生死故勸念佛人第
（欲出娑婆除必謀）
一要在生死根株上念念斬斷則念念是了生死之時
也

蔣太史超記前世爲峩眉僧數夢到故居庵前濯足
爲八箇嗜內典一意台宗雖早登禁林嘗有出世之
想假歸江南遂之峩眉示疾怛化自書偈云翛然猿
（如火益熱）（苦海）
鶴自來親老衲無端墮業塵妄向鑊湯求避熱那從
（雞雛）（官場即獄場）（活鬼喬相守）
大海去翻身功名傀儡場中物妻子骷髏隊裏人只

有君親無報答。生生常自祝能仁。

周克復淨土晨鐘曰，佛以貪瞋癡為三毒。貪毒在心而見之於身。則為盜。而五欲。色為最。圓覺經云。一切眾生。皆因婬慾而正性命。楞嚴經云。婬心不除。塵不可出。又云。汝以婬心。求佛妙果。縱得妙悟。皆是婬根。輪轉三途。必不能出。此經首借婬室立言。蓋直從眾生根本無明。首拈立案。然後向道有機。實是如來頂門針法。

第一要著

蔣十八者。海鹽人。中年與其妻合志修行。斷除愛慾。一日各炷香唱佛名。並書一頌而逝。蔣頌曰。這箇幻

（世緣一水謝）

身四大合成今日分散各歸其根諸幻既滅灰飛煙絕如空中風如碧天月既無障礙又能皎潔一切永斷無有言說四十年來脫離嗜慾惟闡大乘朝誦暮讀今朝撒手西歸自有現成果証其妻頌曰看過蓮經萬八千平生香火有因緣西方自是吾歸路風月同乘般若船

（清空光景）（淨土慈航）

又曰四十二章經云佛言慎勿視女人亦莫共言語若與語者正心思念我為沙門處於濁世當如蓮華不為泥所污想其老者如母長者如姊少者如妹稚者如子

（不見可欲漠不關心）（言則意遒）（惘然自省）（清淨身）（當作是想）

生度脫心。息滅惡念。按此經語。實釋氏最典則之訓。不止沙門宜然也。

祖通禪師。幼入社學讀書。因見雲水道人。皓首長眉。色若孺子。與先生論養生之術。言及字學。曰。古之造字者。皆識道也。且如寇字從完從女者。言人本來完固。體上不知謹守。而反引賊入寇。自劫家寶者。莫甚（腰間仗劍斬凡夫）乎女也。故會意缺守加女而爲寇。師一聞此語。膽戰心寒。凡避色如避蛇虺。遂逃至鵠山剃度。自此心安志定。惟以生死是念。皈依淨土。

飭終門

平日積功累行。去愛絕非。本爲末後臨終作預辦之計。若至末後臨終之時。忽又畏死徬徨。中情感亂。豈不大負初心。其時必須竭力把持。拋棄一切。最要一着正念分明。方有趨向。是功行固在平時。而喫緊尤在末後也。輯飭終門。

善導和尚曰。凡一切人。命終須是不得怕死。常念此生多苦。若得捨此。超生淨土。脫離苦海超登佛界何等快活受無量快樂。乃是稱意之事。如脫敝衣。得換珍服。其於敝衣。誰肯戀著。但遇病時。便念無常。一心待死。叮囑家人。及看病往來問候之人。凡來我前。不得說眼前閑雜之話。（最易搖動神志）亦不得輒言安慰祝願康健。（似關切而實害事）此皆虛花無益。若病重將終。親屬亦不得垂淚哭泣。歎嗟懊惱。惑亂心神。但當同聲念佛。助其往生。（如助行人資糧）待氣盡了多時。然後哀哭未晚。（方盡親屬私情）若識死是歸去。能不哀泣。尤爲達理。況往生淨土。捨苦得樂。愼勿哭泣。使死者心亂也。（恐非死者樂聞）予又多見世人平常念佛禮懺。發願求生西方。及至病來怕死。（宜囑其無忘西方）都不說著往生之事。直待氣消命盡。識投冥界。方始十念鳴鐘。恰如賊去關門。濟何事也。死門事大。

所謂佛須自念也　皆自警勵

須是自家著力始得。若一念差錯。歷劫受苦。誰人相代。思之思之。

明戈以安。事雲棲爲師。事親孝。好行陰德。晚歲奉佛甚虔。預剋歸期。家人來視。甚悲。以安曰。生必有滅。冥悲爲。吾方凝神淨域。而觀彌陀。若等勿以情愛亂我正念。遂唱佛而化。（達人之言）（臨終有此正念便可吉祥而逝）又朱元正。日誦法華。將逝。預戒家人。臨行勿令婦女來。過二三時乃來。來亦勿哭。後家屬至皆哭。元正復張目搖頭。令婦女去。去盡乃瞑。（達理）（此專以下等言）

龍舒淨土文曰。或問下品下生者。臨終時。地獄形相已

現能至心十念南無阿彌陀佛則變地獄形相為蓮華
亦生淨土何也答曰此佛慈悲至深威力至大故能如
此（此喻明曉）譬如鐵石雖重賴舟船力可以渡江（慈航普濟）一針雖輕不賴
舟船江不可渡蓋人有重罪仗佛力者可生淨土罪惡
雖輕不仗佛力亦不得生又如平生為惡一日招安遂（反邪）
為良民（歸正）仗佛力而消罪惡者亦復如是又如蟣蝨萬死
萬生不能一里若附人身千里可至（帶業受生）仗佛力而生淨土
者亦復如是或云人平生為惡殺害眾生苦虐人民臨
死念佛亦得往生其所殺所苦之眾生懷冤枉之心何

時得解乎。曰。生淨土得道之後。皆度脫一切冤親。豈不勝冤冤相報。彼此無出期者乎。

唐張善和屠牛爲業。臨終見牛數十頭索命。善和告妻延僧念佛。僧曰。經言。若有衆生。作不善業。應墮惡道。至心十念阿彌陀佛者。卽得往生阿彌陀佛極樂國土。善和云。（業報現前）地獄不至。急取香爐來。卽以左手擎火。右手拈香。（逼迫）向西厲聲稱佛。未滿十聲。遽云。（善境現前）佛來迎也。已與我寶座。言訖而終。

天如或問曰。一生造惡。臨終念佛。帶業往生。然則我且做世事臨終念佛可乎。答曰。苦哉苦哉。逆惡凡夫。臨終念佛。是夙有善根。故遇善知識而得念佛。此等僥倖。萬中無一。羣疑論云。有十種人。臨終不得念佛。（十種惡）一善友未必相逢。無勸念佛人。二業苦纏身。不遑念佛。三偏風失語。四狂亂失心。五遭水火。六遇虎狼。七惡友破壞信心。八昏迷致死。九陣亡。十墜高巖。忽然遭著一種。便做手腳不得也。（緣在老病之外）即無此惡緣。好病而死。（病死）未免風刀解體。四大分離。痛苦逼迫。怕怖慞惶。念佛不得也。（苦）即無病而死。（非病而死苦）世緣未了。擾亂胸懷。又兼妻啼子哭。百種煎憂。念佛不得

也。即未死以前。忍疼忍苦。叫喚呻吟。更或醫藥祈禱。雜（非死而病苦）
念紛飛。念佛不得也。即未病以前。只是年紀老大。衰相（非病而老苦）
現前。困頓龍鍾。愁歎憂惱。念佛不得也。即未老以前。稍（非老而作業苦）
或俗務相關。狂心未歇。胡思亂想。業識茫茫。念佛不得
也。即或清閒自在。有志修行。稍於世相照不破。放不下（又有修行不堅苦）
境界現前。隨他顛倒。念佛不得也。你看老病之時。少壯（除惡緣外有六種不
清閒之日。稍有一事掛心。早是念佛不得。況臨終時哉。（得念佛可知無事念佛即是福）（可驚可怕）
且世事如夢。那一件替得生死。天堂未開。地獄先成。生
死未明。皆成苦本。眼光落地受苦之時。方知平日所爲。

經中經又經玄義卷下　衍終　　三七

盡是枷鎖鑊湯地獄。失卻人身。萬劫難復。鐵漢聞之也應淚落。曾許他臨終念佛乎。人生在世。能有幾時。（浮生如幻）石火電光。眨眼便過。趁此未老未病之前。抖擻身心。撥棄世（身寄娑婆心歸極樂）事。得一日光景。念一日佛名。得一時工夫。修一時淨業。（急急辦盤纏猶恐來不及）由他臨命終時。好死惡死。我之盤纏預辦也。我之前程（樂國不遙）穩穩當當也。若不如此。後悔難追。（歸有路）

王龍舒曰。譬如人入大城中。必先覓安下處。卻去幹（生前）事。抵暮昏黑。則有投宿之地。先覓安下處者。修淨土之謂也。抵暮昏黑者。大限到來時也。有投宿之地者。（預備）

蓮華中生。不落惡趣之謂也。又云。晝必有夜。必爲夜 死後快活 凡事豫則立人何

備。晝必有寒。必爲寒備。存必有亡。必爲亡備。何爲夜 獨不爲死備 比喩甚

備。燈燭牀褥。何謂寒備。衾裘薪炭。何謂亡備。福慧淨 明人當猛省

土。

優曇大師曰。凡修淨土之人。每念世間一切無常。成必

有壞。生必有死。若不親聞佛法。則捨身受身。輪轉三界。

四生六道。無解脫期。我今有緣。得聞正法。得修淨業。唯

佛是念。捨此報身。當生淨土。入彼蓮胎。受諸快樂。永脫 入生第一樂事莫如出世間

生死。不受輪迴。此乃大丈夫平生之能事也。纔有疾病。 法

正要向前，坦蕩身心（心中放開一切），莫生疑慮，直須西向正坐，專想阿（憑仗）彌陀佛，與觀世音大勢至菩薩及無數化佛，現在其前（西方作主人）。一心稱念南無阿彌陀佛（皈依慈尊疾病上藥），聲聲不絕。於諸世間一切事（稱佛為正）務，不得思念（拋撇乾淨），不得貪戀。若或心念起來，但要急稱佛號，於念念中除滅罪障（念薛念自消）。只此一念，決定往生淨土。

明袁宗道子登，年十二病痞將終，語宏道曰：死矣，叔（真達）父何以救我？宏道曰：汝當念佛，即得往生佛國。此五（人之言）濁世，不足戀也。遂合掌稱阿彌陀佛，諸眷屬同聲助之。頃之微笑云：見一蓮華色微紅，俄而曰：花漸大，色鮮明無比。俄而曰。佛至矣。相好光明。充滿一室。頃之。

感應道交

氣促。宏道曰。汝但稱佛字可也。登稱佛數聲。合掌而

字易念一心注定

逝。

蓮池大師曰。生死有命。則人於病中。當生大解脫。任其

捨去身心無可繫

戀

死生。莫起恐怖。又過去如幻。現在如幻。未來如幻。盡情

只守一心

放下。單持正念而已。又與王大瑋曰。貴恙宜將身外事。

病時良方

併此身四肢百骸。盡情放下。使空無一物。若必不可歇

金剛杵

者。權且歇下。待後處之。妄想熾。不能制。當念佛數聲壓

伏之。世間榮華富貴。不過片時。厄難苦惱。亦不過片時。

且萬般皆屬前緣。非人力所能為。盡情放下。（把持得定）一心念佛。至囑。

眞歇師偈云。訪舊論懷實可傷。經年獨臥涅槃堂。門無過客牕無紙。爐有寒灰席有霜。病後始知身是苦。（此身衰老）健時都為別人忙。（人事紛擾）老僧自有安閒法。（單提佛號度朝昏）八苦交煎總不妨。此偈傷身世之浮脆。了夢幻之起滅。指情妄之所緣。示斯道之眞寂。（眞心不滅）五十六言。網羅殆盡。眞人之龜鑑也。

淨土晨鐘曰。淨土資糧。貴於平日。不知欲辦大事。喫緊

尤在臨時一着。從前悠忽。到此延捱不得。從前迷着。到

（頃刻分途　無常來到無可延捱　孽鏡現前無）

此糊塗不得。從前浮華。到此假借不得。從前歧路。到此

（遽躲閃　生前富貴無能倚仗　地獄即至無從）

徘徊不得。只方寸靈明用事。醒則立現蓮臺。迷則六道

（逃避　淨散隨心聖凡異路）

三塗有分。穢淨頃刻異路。危哉危哉。究竟把握要訣。不

外一心正念四字。宋儒謂平日工夫。正於此處用得着。

即是此意。雖然。不豫辦於平日。而欲襲取於俄頃。泥惡

人十念往生之語。不妨放寬眼下。恐經文所說。亦是如

（堵截後路）

來萬不得已垂手之苦言。非使以西方作此輩護身符

也。且人情莫不好勝而惡劣。獨於此事。甘以下下自許。

亦殊可慨。

昔正陽帝君鍾離祖師見人臨命終時神昏氣斷不知所往。（此時光景甚苦無修行者決無好處去）於一片黑暗中隨風飄忽望光即投因而沈淪六道苦無了期。爰箸歸空眞訣發明六道之光（六道生處皆有光）皆不可投教人於將歸去時回光內照存神泥丸（此時關繫極緊）堅持一念願歸五嶽名山（仙道）。自得從心所欲不受三塗惡趣之苦。又嘗徵諸往事每於垂危之際有因恩怨未酬縈諸懷抱者一時眼光落地（幻形方謝神識即馳生前恩怨死後酬報）神隨識往覺得如念更生報復不爽甚或念瞋毒而爲蛇蝎念正直而爲神明載之感應事跡不可悉數蓋善氣屬陽陽主升念善者上升天堂惡氣屬陰陰主降念惡者下降地獄（以理言之）要皆從心所造而已夫人未嘗學道素乏鎮定之心當懸崖撒手諸難割捨保無百魔俱集萬念紛飛黑風巨浪之中慧舟安在其能從容暇豫謀諸方寸乎（平時無止念斷不能取辦於臨時而臨時念尤爲往生要者）自釋迦如來教人執持阿彌陀佛名號慧遠永明龍舒雲棲諸公繼起修淨土法門備矣而其最喫緊示人則在臨終堅持一念求生極樂即得感佛來迎西（此時念頭要把握得定）歸蓮界是以三世諸佛咸讚爲出世間法中第一捷

徑。無如世人知此道者甚少。知平日須念佛功純。臨（平日心不純一臨時終恐游移）終始得正念。不迷者更少。不得不大聲疾呼。願人人四大分散時。皆得一心不亂。佛力被加。咸登覺岸。

（蘇長公以臨終不著力不能往生）永覺元賢禪師曰。淨業之功。雖積於平日。而臨終最後一念。最為緊要。（臨終決定）蓋以生淨生穢。入聖入凡。唯此一念為之轉移也。每見念佛之人。尋常俱說求生淨土。及臨命終時。多無正念。或貪生怕死。（為身）戀此皮囊。或目顧妻兒。（為家）難忍分別。或繫念家財。（為財）放捨不下。或因境界不順。（為境苦）抱恨而終。或因病苦逼迫。（為病迫）飲痛而去。既失正念。甘從淪墜。我今勸修行人。到此祇要諦信經文。堅凝正念。（堅持正念勇猛西馳）百般放下。念佛待盡。嗚呼。死門事大。頃刻來生。（危悚語）一念差錯。歷劫受苦。可不懼哉。

淨土聖賢錄載。楊嫗年五十餘。得風疾。僵卧呻吟。有旅亭師過其居。其子請入視其母。嫗顰蹙曰。病甚。師有好方否。師曰。病從身起。身從假合。汝能捨身。病自去矣。（至言）曰。捨身奈何。師曰。汝但將身心放下。一心西向。（身是虛寄心即皈依）繫念阿彌陀佛。阿彌陀佛能除一切眾生之病。但能至誠念佛者。（佛本願如是）阿彌陀佛自來救汝。惟患汝念不切耳。

既別去。媪遂持佛名。默觀西方。日益懇至。居五月。語其子曰。佛至矣。（感應）吾當歸西。其子請僧十八。共唱佛名。媪起坐。西向而逝。

助行門

既知念佛。凡居心行事。若有一毫與佛相違。漫欲往生。猶北轅而適越也。則助行可不講哉。助行以戒殺爲首。（獨重戒殺）余昔有同生錄之刻。所載戒殺放生名言事實甚詳。今惟補其所未備。及一切應修衆行。以爲助緣。皆不可闕也。輯助行門。

王龍舒曰。全持齋戒。又禮佛念佛。讀誦大乘經典。解第一義。以此回向。願生西方。必上品上生。所謂齋者。不食肉。不飲酒。不婬欲。不食五辛。所謂戒者。殺生偷盜邪婬是爲身三業。妄言綺語兩舌惡口。是爲口四業。貪欲瞋恨邪見。是爲意三業。總爲十戒。能持而不犯。是爲十善。若犯而不持。是爲十惡。全持十戒。乃生天上。持前四戒加以不飲酒。是爲五戒。能持五戒。常不失人身。若修淨土者。不在此限也。若全持十戒。加以功德。固上品上生矣。若止持五戒而修淨土。亦不失中品上生。或上品下生也。若又不能持五戒。豈可以不戒殺生乎。殺為五戒之首。是為大惡。不殺得長壽報。殺則得短命報。若止能持不殺之戒。以修淨業。已不在下品生矣。

戒殺為修淨業至要

明袁宏道。字中郎。萬歷中為稽勳司郎中。謝病歸。卒於僧寺。兄宗道。弟中道。皆好禪宗。中道一夕課畢。入定。有二童子導之西行。見宏道曰。已居淨土矣。大都乘戒俱急。生品最高。次戒急。生品最穩。若有乘無戒。多為業力所牽。流入八部鬼神眾去。予所親見者多矣。弟般若氣分頗深。戒定力甚少。夫悟理不能生戒

古來高僧多戒律精嚴

定。狂慧也。歸五濁。如不能持戒。有龍樹六齋法現存。遵而行之。戒殺尤急。未有日啟鸞乃口貪滋味。而能生此土者也。

戒中尤重殺生者宜知之

又曰。齋僧供佛燒香獻花懸旛建塔念佛禮懺種種三寶上供奉。以此回向願生西方亦可。或為世間種種利益方便善事。如為子而孝。為弟而悌。閨門盡善。宗族相親。鄉黨姻親。恩愛仁厚。以至事君則赤心為國。為官則慈愛斯民。或憐孤恤寡。或濟難振窮。或勸人為善。或止人為惡。一切善事。隨力而行。以此回向願生西方亦可。

或爲世間一切利益。不拘大小多少。如以一錢與人。一杯與人。亦必起念云。以此善緣。回向願生西方。常使一念不斷。念念在彼。必上品生。

些小功德不忘西方

其專心可知

大觀間。有人遇故父於市。求教一言。父曰。學葛繁。問葛何人。曰。世間人。訪知葛爲鎭江太守。乃往見之。問其何以見重於幽冥如此。曰。予始日行一利人事。其後行二事。又其後行三事。今四十年未嘗一日廢。問何以利人。葛指坐間脚踏子云。若此物置之不正。則蹩人足。予爲正之。亦利人事也。又若人渴。飲以杯水。

有言無錢作福

亦利人事也。唯隨事而利之。上自卿相。下至乞丐。皆

者終是無善心耳

可以行。唯在乎久而不廢耳。其人拜而退。遂兼修淨

業。以是回向。後有僧神遊淨土。見葛在焉。

元優曇大師曰。卵胎溼化。飛走蟲魚。皆未來諸佛也。貪

生怖死。與人無異。何乃陳此肉山。樹茲炮烙。窮口腹之

欲。極甘美之需。不知斷其命者。是出佛身血也。造殺害

欲延生須戒殺

之深尤。絕慈悲之種性。生前福壽暗裏消磨。死後沈淪

酬還不爽。修淨業人。當知心佛之心。方能履佛之土。

以人體物正是恕道

昔人云。良辰美景。人逢之而色喜。物遇之而心悲。人

於此時骨肉團圞珍羞羅列物於此時母子離散魂魄駭飛故節日多殺生最爲殘忍試觀割一雞而眾雞皆鳴屠一猪而羣猪不食念及此雖嘉肴在御黯然神傷矣昔有句云欲知世上刀兵劫試聽屠門夜（傷心慘目遺）半聲最爲悲切（劫皆當作如是觀）

又曰欲趣菩提慈心爲本凡修淨業濟物爲先觀夫飛禽走獸水族游鱗或樹網羅或拘籠檻穿腮反翼繫足（反身思之能不動心）倒懸將臨湯火之間欲赴刀砧之上憂悲恐懼變慴慞惶望雲漢以魂銷憶林泉而膽碎雖知萬死猶冀一生

怀盤饜飫時知有寃號否

顧盼哀鳴。以求救拔。所賴觸目垂憐。捐財贖命。開籠釋檻。斷縛解懸。施水焚香。合掌呪願。法施事畢。或縱陂池。凡放生先念往生呪或放林野。皆由佛道展演悲心。上自人倫。下至螻蟻。力苟能辦。無不放生。因茲勝利。回向西方。普願衆生。同成佛道。

智朗念佛放生說曰。夫欲全仁德。莫若放生。欲出苦輪。無如念佛。今立一放生之法。置一竹筒。每日事務之暇。念佛數聲。日貯一文。歲滿所積三百六十文矣。斯亦不費多財。不妨多力。何人不可爲之。惟貴久遠修持終身不倦。於一載之中。不拘何時。行放生業。計其放處及年月日某甲放生若干。專願永無疾苦厄難之災。復增鶴齡松茂之算。再持佛名。誓無改變。而不得往生者。三世諸佛便爲誑語。偈云。放生念佛兩重難。只貴當人心地堅。永祖傳燈輝不夜。願提正念攝人天。

永明禪師以放生得果

明蓮池大師曰。念佛不可以殺生。念佛以慈悲爲本。如不戒殺。功效減少。一切眾生皆有佛性。歷劫以來。同爲眷屬。殺彼養我。情何以堪。奉勸念佛之人。每下箸時。常

惻隱之

（心欲飲時發現自能不貪口味）

設此想。自能斷葷。早成淨業。即或不能長齋。能持六齋。

（因果不相應）

亦得往生。若殺生則斷乎不可。

雲棲六齋月齋圖說　六齋每月六日。初八。十四。十五。廿三。廿九。三十。如遇月小。廿八廿九可也。　月齋每年正五九三箇月持齋。不能三月持齋必須三月戒殺。

淨土文說念佛人如能斷肉爲上。如一不能斷。且食三（見殺聞殺疑爲己殺均不食爲三淨肉）淨肉而減省食若兼味。且去其一。如兩餐皆肉。且一餐以素。人生祿料有數。如此自可延壽。如早餐食素。

其利甚多。一省業緣。二可清淨。三不妨善業。四至晚食葷時。不至厭此而欲彼。若以食素為難。宜以食葷更為貪口之費為素食。味者設法則易行而可持久。若縱口腹之欲。亦無了期矣。語云。世上欲無刀兵劫。須是眾生不食肉。斯言可不畏哉。

國家圖書館出版品預行編目資料

徑中徑又徑徵義／（清）張師誠編纂；（清）徐槐廷徵義. -- 1 版. -- 新北市：華夏出版有限公司, 2022.06

面； 公分. -- (Sunny 文庫；233)

ISBN 978-626-7134-13-9(平裝)

1.CST: 淨土宗

226.5 111005304

Sunny 文庫 233

徑中徑又徑徵義

編　纂　（清）張師誠

徵　義　（清）徐槐廷

印　刷　百通科技股份有限公司

電話：02-86926066 傳真：02-86926016

出　版　華夏出版有限公司

220 新北市板橋區縣民大道 3 段 93 巷 30 弄 25 號 1 樓

電話：02-32343788 傳真：02-22234544

E-mail：pftwsdom@ms7.hinet.net

總 經 銷　貿騰發賣股份有限公司

新北市 235 中和區立德街 136 號 6 樓

電話：02-82275988 傳真：02-82275989

網址：www.namode.com

版　次　2022 年 6 月 1 版

特　價　新台幣 280 元 (缺頁或破損的書，請寄回更換)

ISBN：978-626-7134-13-9